何善蒙 著

和合文化十讲

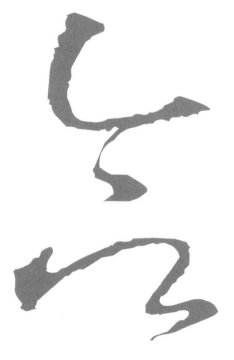

九州出版社 JIUZHOUPRESS | 全国百佳图书出版单位

图书在版编目（CIP）数据

和合文化十讲 / 何善蒙著. -- 北京 ：九州出版社，
2022.9
（和合文化研究丛书）
ISBN 978-7-5225-1124-5

Ⅰ．①和… Ⅱ．①何… Ⅲ．①和合－文化研究－中国
Ⅳ．①B2

中国版本图书馆CIP数据核字(2022)第157706号

和合文化十讲

作 者	何善蒙 著	
责任编辑	黄瑞丽	
出版发行	九州出版社	
地 址	北京市西城区阜外大街甲 35 号 (100037)	
发行电话	(010)68992190/3/5/6	
网 址	www.jiuzhoupress.com	
印 刷	北京星阳艺彩印刷技术有限公司	
开 本	710 毫米 ×1000 毫米 16 开	
印 张	13.25	
字 数	225 千字	
版 次	2024 年 9 月第 1 版	
印 次	2024 年 9 月第 1 次印刷	
书 号	ISBN 978-7-5225-1124-5	
定 价	68.00 元	

目录

第一讲　什么是和合？

第一节　和合：中国传统文化的标志性观念

如果我们站在今天的角度来重新审视和评价中国传统文化的话，我们会发现，与西方文化相比较而言，中国传统文化和社会的特质是非常明显的。钱穆先生曾经在《中国文化精神》中指出：

> 全世界各民族、各体系的文化，都逃不掉此"冲突"与"调和"之两面。对西方和中国来讲，一样都有冲突，都要调和。不过大概说来，似乎西方文化的冲突性更大，而中国文化则调和力量更强。这不是说中国文化无冲突，不过没有像西方那样冲突之大；也不是说西方文化无调和，可是它的调和，却没有像中国文化那样的强。[①]

钱穆先生的说法很具有代表性，这也是自中西文化接触、交流以来，我们对于两者特质的一个基本的认识。也就是说，在中国传统文化中，和合是一个重要的特质，尤其是相对于西方文化来说的时候，这个特点尤为明显。在钱穆先生看来，这种和合性格实际上是中国人的性格，深入了中国人的血脉之中。在这个意义上，钱先生用"分别性"和"和合性"分别标识中西两种不同的文化传统：

> 怎么叫"分别性"呢？我们从先天自然方面来讲，人有男性、女性的分别，这是最基本的。不仅人是这样，动物，乃至于植物，有生命的，除掉最低等的微生物不分雌雄性别外，都分性别的。中国人称一阴一阳，男女就有阴性、阳性的分别，没有人不懂这个分别的。我们也可以说，

---

① 钱穆：《中国文化精神》，载氏著：《钱宾四先生全集》卷38，联经出版事业股份有限公司，1998，第56页。

> 严格讲来，男人、女人各是人的一半，必待男婚女嫁，始合成一个完整的人生。所以说"男大当婚，女大当嫁"。可见人生在"分别性"之上，还有一个"和合性"。当然，也有独身不结婚的，但这只是人类中间的极少数。……西方人好分，是近他的性之所欲。中国人好合，亦是近他的性之所欲。①

由此我们可以很清楚地看到，和合性与分别性这两者在中西方文化中的基本特质的表达。对于中国人来说，和合是最为基本的，而对于西方人来说，可能分别才是最为根本的。这种分别无论是在人性上还是在文化上，都有非常直观的表达。这里举一个很通俗的例子，西方文化的传统就像一个战场，而战场就意味着竞争和冲突。所以，当我们站在西方文化角度来探讨文明发展的时候，就会发现冲突论是其最为显著的和集中的代表，尤其以塞缪尔·亨廷顿的《文明冲突与世界秩序的重建》最为典型。冷战之后，很多西方学者都认为："一个被广泛阐明的范式建立在下述假设之上：冷战的结束意味着全球政治中重大冲突的结束和相对和谐的世界的出现。"②但亨廷顿明确指出："西方世界在冷战结束时的异常欢欣时刻产生了和谐的错觉，它很快就被证明确实是错觉。世界变得不同于20世纪初了，但并不一定是更加和平。变化是不可避免的，进步却不是不可避免的。20世纪的其他每一场重大冲突结束时，都曾流行过类似的和谐错觉。"③很明显，在亨廷顿这里，和谐只是一种错觉而已，而未来的状况应该是这样的：

> 在我的假设中，新世界冲突的根源主要的将不是意识形态上或经济

---

① 钱穆：《从中国历史来看中国民族性及中国文化》，载氏著：《钱宾四先生全集》卷40，第24—30页。

② [美]塞缪尔·亨廷顿：《文明冲突与世界秩序的重建》，周琪译，新华出版社，1998，第11页。

③ [美]塞缪尔·亨廷顿：《文明冲突与世界秩序的重建》，第12页。

上的，人类的巨大分化以及冲突的支配性根源将是文化上的。在世界事务中，民族国家虽依然是强有力的行为主体，但主要的全球性政治冲突将产生于不同文明的民族和集团之间。文明的冲突将主导全球政治。文明间的虚线将成为未来战争的界限……文明的互动变幅巨大，很可能发展为暴力冲突。显而易见，在西方亚文明的欧美之间以及欧美同日本之间，经济竞争居支配地位。然而在欧亚大陆上，极端地表现为"种族清洗"的种族冲突却蔓延成普遍现象。在不同文明的集团之间，种族冲突已越来越频繁，越来越残酷。①

很明显，在亨廷顿看来，文明的冲突不仅是必然的，而且将会主导未来的国际社会。亨廷顿的"文明冲突论"影响甚大，并引起中国学界的强烈反响。②不过，大多数中国学者都是从中国文化的角度来反思亨廷顿的观点的。具体来说，就是从中国文化的和合特性出发，主张以文明的和谐、共融、共处来对抗亨氏的文明冲突。

美国问题研究专家倪世雄教授回忆说，1993年2月，他参加了在卢森堡召开的"东西方格局结束后的世界体系"国际研讨会。在会上，他第一次听到亨廷顿的"文明冲突论"。亨廷顿的观点引起了与会专家们的热议："从代表们的发言来看，多数人不同意或不完全同意亨廷顿的观点。不少代表都强调，未来世界的冲突是政治—经济的冲突，是全球利益与国家利益的冲突。如著名学者爱德华·卢特沃克提出'地缘经济学'、理查德·罗斯克莱斯提出'权力协调论'、詹姆斯·罗斯诺提出'两极世界政治观'。他

---

① ［美］塞缪尔·亨廷顿：《文明的冲突》，张林宏译，《国外社会科学》1993年第10期。

② 自1993年，亨廷顿的"文明冲突论"传入中国以来，中国学者就开始积极撰文进行探讨，其中较有影响力的成果有汤一介：《评亨廷顿的〈文明的冲突〉》，《哲学研究》1994年第3期；冯天瑜：《"文明冲突决定论"的偏误》，《教学与研究》1994年第4期；钱乘旦：《文明的冲突与融合》，《探索与争鸣》1994年第8期；赵世瑜：《未来的文明与文明的未来——评亨廷顿〈文明的冲突〉》，《史学理论研究》1994年第3期，等等。

们都不同意文明的冲突将主宰世界政治，不同文明之间的冲突将成为现代世界冲突演变的最后阶段。他们指出，亨廷顿教授不仅将文明的冲突绝对化了，而且把世界划分为八种文明，并认为今后最重要的冲突将围绕着这些不同文明的文化差异线而爆发。"①

　　从理论的角度来说，亨廷顿的"文明冲突论"主要是沿袭了西方文明传统中的"分别性"，也可说是对西方文化中的"斗争性"的继承和发挥。而从冷战以后的社会政治格局来说，则是分别性（斗争性）从政治、经济领域蔓延到文明领域。我们由此可以认为，亨廷顿的"文明冲突论"是其在西方文化的分别性（斗争性）的基础上形成的对于未来的国际形势、国际关系的一种判断（解读）。笔者认为，东西方学者对于亨廷顿这一理论的质疑主要来自以下两个方面：第一，文明冲突是否可以取代政治、经济因素，成为国际关系的主导因素；第二，冷战结束后，将会出现一个相对和谐的世界，这究竟是不是一种"和谐的错觉"。

　　按照钱穆先生的观点，"分别性"和"和合性"是两种相对应的特性，中国的和合论就成为回应亨廷顿"文明冲突论"的最佳理论。从这个角度来看，中国学者从和合论的立场对亨廷顿理论的回应是及时的和恰到好处的。20世纪90年代，对和合文化推广最有力的是张立文先生和程思远先生。其中，张立文先生于1996年，在首都师范大学出版社出版了《和合学概论：21世纪文化战略的构想》一书。该书分为上下两卷，被认为是和合文化研究的奠基之作。程思远先生于1997年启动了"中华和合文化弘扬工程"，并担任组委会主任。这个工程吸收了众多学术名家参与，对普及和推广和合文化起到了不可替代的作用。

　　"和合"既是中国传统哲学最为本质的特征，也是中国传统文化的精髓和标志性观念。2014年5月15日，中国国家主席习近平同志在中国国际友好大会暨中国人民对外友好协会成立60周年纪念活动上的讲话中指出：

---

① 倪世雄：《我所了解的"文明的冲突"》，《探索与争鸣》1994年第8期。

中华民族历来是爱好和平的民族。中华文化崇尚和谐，中国"和"文化源远流长，蕴涵着天人合一的宇宙观、协和万邦的国际观、和而不同的社会观、人心和善的道德观。在 5000 多年的文明发展中，中华民族一直追求和传承着和平、和睦、和谐的坚定理念。以和为贵，与人为善，己所不欲、勿施于人等理念在中国代代相传，深深植根于中国人的精神中，深深体现在中国人的行为上。①

因此，和合作为一种理念，是中国传统哲学最为本质的特征，体现了中国古人在处理自我存在、社会发展、国家治理等问题的过程中，所具有的圆融通达的智慧。由此，中华文明以豁达开放、兼容并蓄的姿态生生不息，传承至今，成为一种独特的文明形态，而和合理念也成为中华民族所特有的一种思维方式和价值理念。从这个意义上来说，中华传统文化就是一种和合文化。

那么，"和合文化"到底是什么呢？习近平总书记曾在《之江新语》中对其作出精到的概括：

> 我们的祖先曾创造了无与伦比的文化，而"和合"文化正是这其中的精髓之一。"和"指的是和谐、和平、中和等，"合"指的是汇合、融合、联合等。这种"贵和尚中、善解能容，厚德载物、和而不同"的宽容品格，是我们民族所追求的一种文化理念。自然与社会的和谐，个体与群体之间的和谐，我们民族的理想正在于此，我们民族的凝聚力、创造力也正基于此。②

---

① 习近平：《在中国国际友好大会暨中国人民对外友好协会成立 60 周年纪念活动上的讲话》，《人民日报》2014 年 5 月 16 日。

② 习近平：《之江新语》，浙江人民出版社，2007，第 150 页。

第二节　"和""合"释义

汉语中的词汇最初是以单音节为主的，为了使词义表达得更为细腻、准确，双音节词就应运而生了。因此，在阐释"和合"的具体内涵之前，我们先结合古代经典的论述，分别对"和""合"进行详细释读。

从二字出现的时间来看，"和""合"在甲骨文、金文中都已经出现。"和"，许慎《说文解字·口部》释曰："和，相应也。从口，禾声。""和"的形部是"口"，说明其本义应与口相关。① 所谓"相应"，就是指声音相互应和。其最初多指人和其他动物发出的声音。如《诗·郑风·萚兮》："萚兮萚兮，风其吹女。叔兮伯兮，倡予和女。"《礼记·乐记》："倡和清浊，迭相为经。"孔颖达疏曰："先发声者为倡，后应声者为和。"《易·中孚》："鸣鹤在阴，其子和之。"随着词义的不断扩大，"和"进一步泛指各种声音。如金属撞击的声音、自然界的各种声音等。

"和"本指声音相互应和，但由于不同声音的应和所呈现出的状态并不相同，既有和谐完美的状态，也有曲高和寡的状态，于是，中国古人便把和谐完美的声音状态称作"和"。如《诗·小雅·宾之初筵》："龠舞笙鼓，乐既和奏。"《国语·周语下》："声应相保曰和。"《书·舜典》："声依永，律和声。"《广雅·释诂三》更是直接将"和"释作"谐也"。张岱年先生在解释"太和"观念的时候指出："世界上万事万物之间虽然存在着相反相争的情况，但相反而相成，相灭亦相生，总起来说，相互的和谐是主要的，世界上存在着广大的和谐。这是儒家哲学的一个根本观点。"②

在"和谐"被确立为"和"的基本内涵后，"和"的指称范畴进一步扩大，可以泛指"广大的和谐"。从儒家哲学的角度而言，"广大的和谐"泛指

---

① "和"的异体字作"咊""龢"，也从侧面说明"和"的本义跟口部的发声有关。

② 张岱年：《中国古典哲学概念范畴要论》，载氏著：《张岱年全集》第四卷，河北人民出版社，1996，第586页。

不同事物和现象之间的协调、秩序、平衡、完美的存在状态。鉴于中国古代哲学关注的焦点是人的现实生活和精神生活，我们尝试以人为中心，从三个层次对中国古代的"和谐"思想进行简要梳理。

第一个层次是人自身的和谐。由于中国古代哲学关注的焦点是个体，因此其对于人自身和谐的论述是最为丰富和全面的，涵摄了身、形、气、心、德五个层面。如果说"和谐"意味着不同事物和现象之间的协调、适中、平衡、完美状态，那么"身和"就是指身体各个部位之间的平衡、完美状态，即健康状态。如《墨子·辞过》："衣服节而肌肤和。"《战国策·赵策四》："老臣今者殊不欲食，乃自强步，日三四里，少益嗜食，和于身。"与之相反，"不和"就是指不同事物和现象之间的不协调、无序、失衡状态，如中医常常用"不和"来概括人体的各种疾病。

"形和"的意义既与"身和"有相似之处，也有不同之处。其相似之处在于，它也可指个体的形体处于一种协调、适中、平衡、完美的状态。如《管子·内业》："和于形容，见于肤色。"《战国策·齐策三》："齐王和其颜色。"《战国策·赵策四》："夫望人而笑，是和也。"其不同之处在于，"身和"强调的是身体各个部位之间的和谐状态（健康），而"形和"强调的是个体给予他者的感觉（和气、温和）。换句话说，"身和"是指形体的内在状况，"形和"是指形体的外在呈现。

"气和"即血气调和、和谐。血气的重要性，早在《黄帝内经》中就有所体现："血气者，人之神，不可不谨养。"由此可见，血气之和是"身和"的关键所在。如《管子·禁藏》："食饮足以和血气。"《国语·周语下》："不精则气佚，气佚则不和。"《礼记·乐记》："耳聪目明，血气和平。"

关于"心"的作用，很多思想家都有过精辟的阐述。如孟子说："心之官则思。"荀子说："心者，形之君也，而神明之主也。"因此，"心和"也是先秦典籍中经常出现的一个概念。如《管子·内业》："彼心之情，利安以宁。勿烦勿乱，和乃自成。"《庄子·人间世》："形莫若就，心莫若和。"《礼记·乐记》："心中斯须不和不乐，而鄙诈之心入之矣。"由此不难看出，"心和"就是指内心平和、安宁的状态。与"身和""形和""气和"相比，"心和"超越了物质的限制，具有形而上的哲学意义。

"德和"则是"心和"的进一步升华与飞跃，也是个体在精神层面所能达到的最高境界。《庄子·缮性》："夫德，和也。"《礼记·乐记》："感条畅之气，而灭平和之德。"

综上所述，"身和""形和""气和""心和""德和"涵盖了个体所能达至的不同层面的和谐状态，充分表明中国古人对于自身和谐的追求经历了一个不断扩大化、深刻化、抽象化的过程。

第二个层次是人与外界事物之间的和谐。人总是生活在现实社会之中的，时刻与外界发生着千丝万缕的联系。为了使自身与外界事物保持平衡、和谐的状态，古人可谓殚精竭虑。如《周礼·考工记》："辀注则利准，利准则久，和则安。"《战国策·赵策二》："察五味之和。"《管子·侈靡》："从其宜，则酸咸和焉，而形色定焉。"《礼记·王制》："安居和味。"

在古人的观念里，和谐既是自然界的本质属性，也是人类社会生生不息的关键所在。如《管子·四时》："岁掌和，和为雨。"《周礼·春官》："以十有二风，察天地之和命。"《礼记·乐记》："动己而天地应焉，四时和焉。"因此，古人在处理自身与自然界的关系时，总是遵循和谐的原则，唯有和谐的才是最美的、最佳的。

第三个层次是人与人之间的和谐。在个体所面对的所有关系中，人与人之间的关系是最难处理的关系，而和谐是处理这一关系的基本原则之一。古人对家庭关系的处理，对社会关系尤其是政治关系的处理，都是以和谐为出发点和落脚点的。家和万事兴、政通人和、协和万邦等，就是古人将和谐原则贯彻于不同的社会维度之后，所达到的不同理想状态。

笼统来看，"和谐"在中国古代社会中具有重要性、基础性的作用。在以上三个层次之中，最为关键的是自身的和谐。因为无论是处理与外界事物的关系，还是处理人与人之间的关系，都要以自身的和谐为出发点，所以《礼记·大学》才会说"自天子以至于庶人，壹是皆以修身为本"。"以修身为本"也是古代君子毕生的追求。

"合"字在甲骨文、金文中都多次出现。许慎《说文解字·亼部》释"合"曰："合口也。从亼，从口。"段玉裁《说文解字注》释"合"曰："合，亼口也。各本'亼'作'合'，误。此以其形释其义也。三口相同是为合，十口相传是为古，引申为几会合之偶。"段玉裁将"合"释作"三口相同"，"三"在古代汉语中有"多"之义，故"合"就是指多方聚合、聚集。而由多方聚合引申为两者相合，属于词义的缩小。从这个意义上来说，许慎的"合口"之义，应是"合"的引申义。

从"聚集""相合"等义来看，"合"强调的是两个或多个个体因相聚而相合。从个体的角度来看，"合"大概包含两个层面的内涵：一是不同对象的聚合，二是行为与主体之间的聚合。从对象的角度来说，其可以是人，也可以是物。如《周礼·天官·掌次》："合诸侯亦如之。"《礼记·坊记》："君子因睦以合族。"《礼记·礼运》："合男女，颁爵位。"《礼记·乐记》："天地欣合，阴阳相得。"《礼记·月令》："乃合累牛腾马，游牝于牧。"《易·文言》："夫大人者，与天地合其德，与日月合其明，与四时合其序，与鬼神合其吉凶。"《易·噬嗑》："雷电合而章。"可见，"合"既可指人与人之间的聚合，也可指天地万物之间的聚合；既可指和睦、和谐等理想结果，也可指造成和睦、和谐等理想结果的行为。因此，古人常用"合"来描述行为的理想结果。如《周礼·春官·大宗伯》："以礼乐合天地之化。"《孙子·九地》："合于利而动，不合于利而止。"

综上所述，"和""合"的主要区别有三。第一，"和"强调的是"和谐"的状态、境界，它既是古人对于美好境界的描述，也是古人所希望达至的理想境地。而"合"强调的是行为上的符合、众多不同对象的聚集。第二，从词性来说，"和"是名词、形容词，"合"是动词。

第三节 "和"与"合"的连用及其含义

"和"与"合"两个字的连用，在中国思想史上大概是从春秋时代开始的。在《国语·郑语·史伯为桓公论兴衰》中，史伯首次提到了"和合"。从一般的意义上来说，直到史伯生活的时代，中国古人才形成了非常明确的、系统的关于"和"的理论性思考，这种思考是以此前的政治和社会实践作为基础的。史伯是西周末年的太史，是一位非常有知识涵养的人物。《国语·郑语·史伯为桓公论兴衰》主要记载了郑桓公和史伯之间的一段对话。周幽王命郑伯友为司徒，主管教化。郑伯名友，是周宣王庶弟（周幽王之叔），封于郑（今陕西华县东），爵位伯，称郑伯友；他还是郑国的开国之君，称郑桓公。郑伯友想带领族人进行大规模的搬迁，于是向史伯征求意见。史伯认为，"王室将卑，戎、狄必昌"，而西边和北边"皆蛮、荆、戎、狄之人也"，唯有南方的楚国才是"天之所启，十世不替。夫其子孙必光启土，不可逼也"（《国语·郑语》）。

在郑桓公和史伯的对话中，尤其需要注意的是史伯对于商朝兴盛的说明："商契能和合五教，以保于百姓者也。"（《国语·郑语》）这应该是中国古代文献中"和""合"二字的第一次连用。契是商代的始祖，曾经做过舜的司徒，而他施行教化的主要手段就是"和合五教"。"五教"亦称"五典"，就是用父义、母慈、兄友、弟恭、子孝这五种伦理观念来教化百姓，故"和合五教"就是让这五种伦理教化达到和谐融洽的状态。百姓和谐的生活状态，实际上是经由道德教化而达至的。换言之，道德教化的目的就是百姓的"合"，也就是"保于百姓"。因此，"和合五教"作为政治治理的根本，实际上强调的是在道德教化的基础上达到的一种和谐美好的治理局面，这也是传统社会治理的基本特色。

"和"与"合"连用时具有明显的政治意味。如《管子·幼官》曰："畜之以道,则民和。养之以德,则民合。和合故能习,习故能偕,偕习以悉,莫之能伤也。"在管子看来,养兵以道则人民和睦,养兵以德则人民团结。这里的"和合",就是和睦地聚集在一起,"和"与"合"用的基本上都是本义。

在先秦时期,"和"与"合"同时出现时的位置并不固定,所以我们有时候看到的是"和合",有时候看到的是"合和",这表明两字连用时只是取其本义的一种叠加。汉代以后,"和合"才成为一个固定的搭配,频繁地出现在各类文献中。

首先,"和合"指的是关系的和谐,即不同个体之间在保持各自特征的前提下获得的一种和谐相处的状态。①"和合"若用来描述天地之间的状况,指的是天地和谐、阴阳和谐。如"阴阳合和而万物生"(《淮南子·天文训》),"天施地化,阴阳和合"(《韩诗外传》卷三)。从这个角度来说,"和合"(和谐)是自然的基本特性,是通过阴阳之间的和谐关系表达出来的。"和合"若用来描述人与人之间的关系,指的是人际和谐的状态。如"施教导民,上下和合"(《史记·循吏列传》),"臣下忠诚辅主,国中欢喜和合"(元稹《辨日旁瑞气状》)。人际和谐的进一步推演,就是国与国之间和谐相处的状态。如"圣人所能,以天下和合,共为一家,能以中国,共为一人者,向其所能致之意"(《礼记·礼运》孔颖达疏),"匡率百僚,和合天下者也"(《汉书·师丹传》),"平均土地,和合万国"(《太平御览》卷八十二引《归藏·启筮》)。"和合天下"和"天下和合"作为中国古人的天下观,都是大同理想的体现。如果要细细分梳的话,"和合天下"强调的是以和合的方式来治理天下,"和合"是一种手段、方法;而"天下和合"强调的是天下治理所达到的一种和谐的状态,这里的"和合"是状态、结果。"和合天下"

---

① 从这个角度来说,和合并不是关系双方自我立场的放弃,而是在自我完善的意义上,与他者保持一种和谐相处的关系,即通常所说的"和而不同"。所以,和合实际上就是两个不同的对象达到相合的结果。

中的"和合"是动词性，"天下和合"中的"和合"是名词性（形容词）。①

其次，"和"为和谐，"合"为符合，"和合"若用于描述具体行为时，有顺当、顺利完成的意思，由此又引申出高兴、喜悦之意——因事情的顺利完成而欢喜。比如，"故人之欢欣和合之时，则夫忠臣孝子亦怵诡而有所至矣"（《荀子·礼论》）；"言宋人赎我之事既和合，而我即来奔耳"（《左传·宣公二年》"既合而来奔"，孔颖达疏引贾逵语）。"王者当助天和合其居所"（《尚书·洪范》"相协厥居"，孔颖达疏引王肃语）；"其卦甚吉，百事欢欣和合"（周去非《岭外代答·茅卜》）。

再次，特指男女之间的结合。比如，"使媒求妇，和合二姓"（《易林》），"谓别姓三十之男，二十之女，和合使成婚姻云"（《周礼·地官·序官》"媒氏下士二人"，贾公彦疏）。这种意义上的使用，与后来"和合神"成为婚姻之神有着直接的关联。

最后，作为神灵的"和合"。宋明以来，"和合神"这一称谓在文献中经常出现。明代的神魔小说《四游记》中称："又有和合二神禀曰：'不须本官出马，某二人愿往。'"（《四游记·哪吒行兵收华光》）在中国传统社会，和合神主要是作为婚姻之神而存在的，神僧万回是最早的和合神。万回即万回哥哥，明田汝成《西湖游览志》载："宋时杭城以腊月祀万回哥哥，其像蓬头笑面，身着绿衣，左手擎鼓，右手执棒，云是和合之神，祀之，可使人在万里之外，亦能回家，故曰万回。""今婚礼俗祀和合，盖取和谐好合之意。"和合神由万回变成寒山、拾得，是有一个过程的。据《民国杭州

---

① 杜运辉和吕伟曾撰文批评张立文先生的"和合学"："'和合'在词性上一般作为动词使用，这与作为名词的'和谐'存在着明显的差异。同时，'和合'本身还是一个偏正短语：从前偏后正式来说，'合'是中心词，'和'作为'多样性统一'的内涵会隐而不彰；从前正后偏式来说，'和'是中心词，'合'适成为'和'之赘疣。因此，'和合'一词不仅本身没有什么哲学深义，而且它含义模糊，可以做多种解释，很容易产生歧义，不是一个精确谨严的哲学范畴。"（杜运辉、吕伟：《"和合"与"和谐"辨析》，《高校理论战线》2010年第4期，第54页。）杜文的这个批评是不成立的。"和合"的内涵很清晰，不仅仅是动词，还可以作为名词使用，"和合天下"与"天下和合"就是一个比较直接的证明。

府志》载："按杭州近俗，婚姻喜庆具祀和合二圣，其神二像并立，则和合之祀犹存，惟未尝目为万回哥哥耳。考《辍耕录》云：'虢州阌乡张万回法云公者，生于贞观六年五月五日，有兄万年，久征辽左，相去万里。母程氏思其音信，公早晨往，至暮持书而回。'又考翟灏《通俗编》云：'今和合以二神并祀，而万回仅一人，不可以当之。雍正十一年，封天台寒山大士为和圣，拾得为合圣。'翟氏所云，则和合万回初非一神，田氏以万回即和合，或在宋时则然耳。"（《民国杭州府志》卷七十七《风俗四·四时俗尚·十二月》）作为神灵的"和合"，反映了民众对于和谐美满生活的渴望，也是和合思想在民众生活中最直观的反映。

通过上述梳理，我们可以很直观地看到，"和合"作为一种理念在中国传统社会具有深刻的影响。

第二讲　为什么要讲和合？

正是在"和合"的基础上，中国传统文化在历史上兼容并蓄，逐渐成为一种内涵深厚、影响深远的文化形态。梁漱溟先生指出："历史上与中国文化若后若先之古代文化，如埃及、巴比伦、印度、波斯、希腊等，或已夭折，或已转易，或失其独立自主之民族生命。唯中国能以其自创之文化绵永其独立之民族生命，至于今日岿然独存。"[①] 2014 年 5 月 4 日，习近平总书记在北京大学师生座谈会上的讲话中指出："中华文明绵延数千年，有其独特的价值体系。中华优秀传统文化已经成为中华民族的基因，植根在中国人内心，潜移默化影响着中国人的思想方式和行为方式。今天，我们提倡和弘扬社会主义核心价值观，必须从中汲取丰富营养，否则就不会有生命力和影响力。"[②]

和合在传统时代是中国文化的基本精神，在今日同样可以发挥积极的作用。张立文先生在创立"和合学"的时候，就有着非常明确的现实问题意识。他指出："鉴于此（亨廷顿的'文明冲突论'），激发了我思考如何化解文明冲突论？如何化解冷战遗留的对抗文化、冷战思维？以什么文化理念化解文明冲突？和平发展的形而上理念是什么？等等。于是我从中华民族传统学术文化宝库中开发出'和合'思维，并使之系统化、理论化，而建构了'和合学'理论思维体系，以化解亨氏的对抗文化、冷战思维；'和合学'以其和生、和处、和立、和达、和爱五大原理，全面地化解了亨氏的所谓'文明冲突论'"[③]。张立文先生在《和合哲学论》一书中，进一步将亨廷顿的问题意识细化为"五大冲突"（或者说"五大危机"）：一是人与自然的冲突，表现为生态危机；二是人与社会的冲突，表现为人文危机；三是人与人的冲突，表现为道德危机；四是人与自身心灵的冲突，表现为信

① 梁漱溟：《中国文化要义》，上海人民出版社，2005，第 7 页。

② 习近平：《在北京大学师生座谈会上的讲话》，2014 年 5 月 4 日。

③ 张立文：《和合学：21 世纪文化战略的构想》，中国人民大学出版社，2006，再版序言第 3 页。

仰危机；五是文明与文明之间的冲突，表现为价值危机。① 在张先生的基础上，我们进一步将"五大冲突"概述为三大根本矛盾：人自身的矛盾（包括价值和信仰的问题），人与人的矛盾（包括道德、理想和信念的问题），人与世界的矛盾（包括文明和现代化的问题）。正如胡适先生所说的那样："缓慢地、平静地、然而明白无误地，中国的文艺复兴正在变成一种现实。这一复兴的结晶看起来似乎使人觉得带着西方色彩。但剥开它的表层，你就可以看出，构成这个结晶的材料，在本质上正是那个饱经风雨侵蚀而可以看得更为明白透彻的中国根底——正是那个因为接触新世界的科学、民主、文明而复活起来的人文主义与理智主义的中国。"②

---

① 张立文：《和合哲学论》，人民出版社，2004，第43—45页。

② 胡适：《中国的文艺复兴》，外语教学与研究出版社，2001，第151页。

第一节　和合与核心价值

近代以来，中国社会经历了"三千年未有之大变局"[1]。简单来说，就是中国社会从传统的农业社会被迫走上了现代化的道路。金耀基先生认为，现代化主要是在三个层面展开的：器物技能层面的现代化、制度层面的现代化以及思想行为层面的现代化。从中国文明转型的角度来说，这三个层面的现代化表现为三个主旋律：第一个主旋律是从农业社会到工业社会，第二个主旋律是从专制到共和，第三个主旋律是从经学到科学。[2]

在农耕社会，儒家的道德体系构成了整个社会的基础，而现代社会的两大基础则是科学和民主，道德受到了最为严重的冲击。从这个角度来说，整个中国社会不再处于一种泛道德的笼罩之中，个体内在的价值迷失了。而个体内在价值的缺失，就等于生活意义的迷失。因为现代化的最终目的，就是促进人的全面发展，所以对现代化来说，个体价值的迷失是一个极为严重的问题。

那么，如何在现代化的背景下，重建价值观呢？在价值观建设方面，我们党出台了一系列的重要文件。1986年，党的十二届六中全会通过《中共中央关于社会主义精神文明建设指导方针的决议》；1996年，党的十四届六中全会通过《中共中央关于加强社会主义精神文明建设若干重要问题的决议》；2001年，中共中央颁发《公民道德建设实施纲要》，提出在全社会大力倡导"爱国守法、明礼诚信、团结友善、勤俭自强、敬业奉献"的基本道德规范。随着改革的不断深入，"核心价值观"的重塑变得日益重要。

---

① 同治十一年（1872）五月，李鸿章在《复议制造轮船未裁撤折》中提出："臣窃惟欧洲诸国，百十年来，由印度而南洋，由南洋而中国，闯入边界腹地，凡前史所载，亘古所未通，无不款关而求互市。我皇上如天之度，概与立约通商，以牢笼之，合地球东西南朔九万里之遥，胥聚于中国，此三千余年一大变局也。"这也是清末以来，很多有识之士的共识。

② 金耀基：《中国文明的现代转型》，广东人民出版社，2016，第5—17页。

什么是"核心价值观"？杨耕先生认为："任何社会都有自己的核心价值观。一个存在着多种价值观的社会，必须建设一个同经济基础以及政治制度相适应，并能促成广泛社会共识的核心价值观，从而提供共同的思想道德基础，凝聚社会的意志和力量，引领社会发展的方向。一句话，核心价值观集中体现了特定社会的精神气质，构成了特定社会的精神支柱。"①2012 年 11 月，党的十八大报告明确提出了以"三个倡导"为主要内容的社会主义核心价值观："倡导富强、民主、文明、和谐，倡导自由、平等、公正、法治，倡导爱国、敬业、诚信、友善，积极培育和践行社会主义核心价值观。"2013 年 12 月，中共中央办公厅印发的《关于培育和践行社会主义核心价值观的意见》（以下简称《意见》），对于社会主义核心价值观提出的重大意义、基本内容，培育和践行社会主义核心价值观的指导思想、基本原则、实践要求，核心价值观与核心价值体系的关系等，进行了明确而详尽的阐述。尤其值得注意的是，《意见》明确提出："富强、民主、文明、和谐是国家层面的价值目标，自由、平等、公正、法治是社会层面的价值取向，爱国、敬业、诚信、友善是公民个人层面的价值准则，这 24 个字是社会主义核心价值观的基本内容，为培育和践行社会主义核心价值观提供了基本遵循。"关于如何培育和弘扬社会主义核心价值观，习近平总书记提出了一系列重要的指导意见。如："培育和弘扬社会主义核心价值观必须立足中华优秀传统文化。牢固的核心价值观，都有其固有的根本。抛弃传统、丢掉根本，就等于割断了自己的精神命脉。博大精深的中华优秀传统文化是我们在世界文化激荡中站稳脚跟的根基。"②"中华文明绵延数千年，有其独特的价值体系。中华优秀传统文化已经成为中华民族的基因，植根在中国人内心，潜移默化影响着中国人的思想方式和行为方式。今天，我们提倡和

---

① 杨耕：《价值、价值观与核心价值观》，《北京师范大学学报（社会科学版）》2015 年第 1 期。

② 习近平：《在中共中央政治局第十三次集体学习时的讲话》，2014 年 2 月 24 日。

弘扬社会主义核心价值观，必须从中汲取丰富营养，否则就不会有生命力和影响力。"[①]

和合文化对于社会主义核心价值观的培育来说，具有怎样的意义呢？

首先，和合是核心价值观的基本特征。无论是国家层面的富强、民主、文明、和谐，社会层面的自由、平等、公正、法治，还是个体层面的爱国、敬业、诚信、友善，都反映了和合的基本特征。富强、民主、文明、和谐，是我国社会主义现代化国家的建设目标，也是从价值目标层次对社会主义核心价值观基本理念的凝练；自由、平等、公正、法治，是对美好社会的生动表述；而爱国、敬业、诚信、友善，是个体对外在世界的各种关系的妥善处理和把握。从这个角度来说，社会主义核心价值观也是"和合"的基本内涵。

其次，和合文化可以为社会主义核心价值观的培育提供源源不断的营养。习近平总书记指出："中华文化源远流长，积淀着中华民族最深层的精神追求，代表着中华民族独特的精神标识，为中华民族生生不息、发展壮大提供了丰厚滋养。中华传统美德是中华文化精髓，蕴含着丰富的思想道德资源。不忘本来才能开辟未来，善于继承才能更好创新。对历史文化特别是先人传承下来的价值理念和道德规范，要坚持古为今用、推陈出新，有鉴别地加以对待，有扬弃地予以继承，努力用中华民族创造的一切精神财富来以文化人、以文育人。"[②]

最后，和合文化对于正确处理传统与现代的关系来说，同样具有积极意义。金耀基先生明确提出："事实上，在全球化大潮下，中国的民族文化反而更自觉地焕发生命力。所以，现代性问题涉及传统与现代两者之关系。在前者，我曾说'没有没有传统的现代化'；在后者，我要说，'没有没有

---

①　习近平：《在北京大学师生座谈会上的讲话》，2014 年 5 月 4 日。

②　习近平：《在中共中央政治局第十三次集体学习时的讲话》，2014 年 2 月 24 日。

地方的全球化'。"① 因此可以说，虽然现代化是一个不可改变的世界进程，但是每一个国家的现代化必然都是它自己的现代化。我们在很长时间内面临的诸多问题，就是因为没有处理好传统与现代的关系。道德至上（或者说泛道德主义）的时代虽然已经一去不复返了，但是道德所具有的规范个体和社会的意义却是无法全部抹杀的。只有当中国的传统思想真正融入现代化之后，中国社会才算真正实现了从传统到现代的转型，社会主义核心价值观的培育与践行才算是真正有效的。而使整个社会达到一种和合完满的状态，正是我们倡导社会主义核心价值观的目的所在。

---

① 金耀基：《中国文明的现代转型》，第 4 页。

第二节　和合与文化自信

2016年，习近平总书记在庆祝中国共产党成立95周年大会上的讲话中正式提出"文化自信"，并将文化自信与理论自信、道路自信、制度自信并称为"四大自信"，在此基础上进一步提出："坚持不忘初心、继续前进，就要坚持中国特色社会主义道路自信、理论自信、制度自信、文化自信，坚持党的基本路线不动摇，不断把中国特色社会主义伟大事业推向前进。"[①]"全党要坚定道路自信、理论自信、制度自信、文化自信。当今世界，要说哪个政党、哪个国家、哪个民族能够自信的话，那中国共产党、中华人民共和国、中华民族是最有理由自信的。"[②]

习近平总书记对"文化自信"的界定是："文化自信，是更基础、更广泛、更深厚的自信。在5000多年文明发展中孕育的中华优秀传统文化，在党和人民伟大斗争中孕育的革命文化和社会主义先进文化，积淀着中华民族最深层的精神追求，代表着中华民族独特的精神标识。"[③]据此可知，文化自信涉及三种文化、一种精神。"三种文化"分别是中华优秀传统文化、革命文化以及社会主义先进文化；"一种精神"即中华民族最深层次的精神追求和独特的精神标识。三种文化是从中国历史发展的角度来说的，五千多年未曾间断的历史，本身就是值得自豪的。中华文明在五年多年的发展演进中，形成了独特的精神标识和精深厚重的文化精髓，因此对三种文化的自信，实际上就是对中华民族五千多年历史的自信，是更深层次的自信。

那么，和合文化与文化自信之间又有着怎样的关联呢？

首先，从文化形态的角度来说，和合是中华文化的基本特征，中华文化也由此被称作"和合文化"。不管是在中华文化发展的哪一个时期，和合

---

①　习近平：《在庆祝中国共产党成立95周年大会上的讲话》，人民出版社，2016，第12页。

②　习近平：《在庆祝中国共产党成立95周年大会上的讲话》，第12页。

③　习近平：《在庆祝中国共产党成立95周年大会上的讲话》，第13页。

都是主流。冯友兰先生在《国立西南联合大学纪念碑碑文》中指出："并世列强，虽新而不古，希腊罗马，有古而无今，唯我国家，亘古亘今，亦新亦旧，斯所谓'周虽旧邦，其命维新'者也。"① 因此可以说，中华文化是唯一延续至今而从未间断的文化。② 中华文化何以能够保持如此强大的生命力呢？和合是一个非常重要的原因。海纳百川，有容乃大。正是在和合的基础上，中华文化呈现出一种宏大而稳定的发展态势，并且在世界文化版图中占据了极其重要的位置。"秦汉以来，和合概念得到普遍运用，中华文化发展也呈现出一种融合的趋势，逐步形成了以儒家为主体，儒佛道各自独立又相互融合，在冲突中融合，在融合中发展的局面，这构成了汉代以后中国文化发展的重要现象、内容和特征。两汉之际佛教传入中国以后，先秦以来的儒道两教融合开始转变为儒佛道三教在冲突中相互融合。隋唐以来，随着天台宗等'中国化佛教'的形成和发展，三教融合趋势更加明显。宋明理学则在前一时期三教融合基础上，将三教的思想优势集于一身，从儒家立场出发完成了三教的融合。源远流长的中华文化经过数千年嬗变，最终形成了以儒佛道三教为基本组成部分的多元融合，同时也保留各家自身鲜明特色和个性的文化系统和基本格局。"③ 从这个角度来说，中华文化就是以和合作为发展的内在动力的。

其次，从文化的精神价值的角度来看，和合既是中华优秀传统文化所积淀下来的精神价值，也是中华民族独特的精神标识。正如钱穆先生所言："全世界各民族、各体系的文化，都逃不掉此'冲突'与'调和'之两面。对西方和中国来讲，一样都有冲突，都要调和。不过大概说来，似乎西方

① 冯友兰：《国立西南联合大学纪念碑碑文》，载氏著：《三松堂全集》第十四卷，河南人民出版社，2000，第154页。

② 参见张绪山教授的《中国文明是世界唯一未曾中断的文明吗？》（《光明日报》2014年8月13日），徐良高先生的《近代民族国家史建构中的"中国文明唯一延续论"》（《中原文化研究》2017年第2期），陈民镇先生的《中国文明是否是唯一未曾中断的文明》（《中华读书报》2017年11月15日）。

③ 陈立旭：《和合文化的内涵与时代价值》，《浙江社会科学》2018年第2期，第85页。

文化冲突性更大；而中国文化则调和力量更强。这不是说中国文化无冲突，不过没有像西方那样冲突之大；也不是说西方文化无调和，可是它的调和，却没有像中国文化那样的强。"① 从这个意义上来说，和合既是中华民族的独特行为方式和精神价值，也是中国文化中最为核心的基点，更是我们文化自信的精神依据。换言之，只要我们始终坚持和合这一理念，即使中华文化的具体形态发生改变，其精神价值也不会发生变化。

---

① 钱穆：《中国文化精神》，载氏著：《钱宾四先生全集》卷38，第56页。

第三节 和合与大国形象

从人类发展的历史来看，中国一直是世界上的超级大国，但是鸦片战争后，中华民族开始进入"落后挨打"的时代。人们通常用"东方睡狮"来比喻19世纪的中国。"东方睡狮"源自拿破仑的一段表述："中国并不软弱，它只不过是一只睡着了的狮子，这只狮子一旦被惊醒，全世界都将为之颤动。"[①]"睡狮"这一表述传递出两个层面的信息：中国的落后只是暂时的，中国的复兴是必然的。这可以说是近代以来，无数有识之士的精神信念。正是在这一精神信念的支撑下，中华民族虽然历尽坎坷，但仍重获新生。尤其是改革开放以来，中国的复兴（或者说崛起）进一步呈现出无可阻挡的态势。澳大利亚前总理陆克文曾感慨地说："中国自十一届三中全会以来，开启了一条令人刮目相看的道路，中国的成功转型和发展成就是非常了不起的。这一系列转型和变革也绝非易事，只要了解历史或研究历史的人都会知道，这背后饱含着艰辛和不易，所以中国的成就无疑是令人瞩目的。"[②]

然而中国的迅速崛起，引起了国际社会的一系列"焦虑"。20世纪90年代以来，以美国为首的西方国家的新闻媒体及部分政客大肆炮制、鼓吹"中国威胁论"。1994年美国学者莱斯特·布朗提出"谁来养活中国人"这一命题。布朗认为，中国的人口基数大而且增长很快，势必会导致世界性的粮食危机，这其实是另一种"中国威胁论"。2000年，美国匹兹堡大学经济学系教授托马斯·罗斯基在《中国GDP（国内生产总值）统计发生了什么？》一文中，对中国官方统计数据的真实性提出了质疑。在罗斯基所谓的

---

① 参见史鸿轩：《拿破仑的"中国睡狮论"怎么来的》，《环球时报》2004年2月2日；云海：《"中国睡狮论"的由来》，《青年科学》2004年第10期；施爱东：《拿破仑睡狮论：一则层累造成的民族寓言》，《民族艺术》2010年第3期，等等。

② 周琳：《陆克文：中国和平崛起举世瞩目》，《今日中国》2018年第2期，第56—57页。

"中国统计水分"论的基础上，西方政客又抛出了所谓的"中国经济即将崩溃"论。① 基辛格的观点为国际社会更好地理解中国的崛起提供了有益的视角，他说："我告诉我美国的朋友和同事，中国的崛起是不可避免的，而且我们也不应该去阻止她的崛起。我们必须要面对这样一个人口众多的国家，必须要跟她进行合作，来解决所面临的各种各样的问题。"②

对于中国自身来说，以怎样的形象出现在国际舞台上是非常关键的。胡适先生在《睡美人歌》中指出："拿破仑大帝尝以睡狮譬中国，谓睡狮醒时，世界应为震悚。百年以来，世人争道斯语，至今未衰。余以为以睡狮喻吾国，不如以睡美人比之切也。……矧东方文明古国，他日有所贡献于世界，当在文物风教，而不在武力，吾故曰睡狮之喻不如睡美人之切也。作《睡美人歌》以祝吾祖国之前途。"③ 胡适先生之所以将中国比作"睡美人"，而不取拿破仑的"睡狮"论，是因为他相信"东方文明古国，他日有所贡献于世界，当在文物风教，而不在武力"。

和合对于中国的国家形象来说，具有哪些重要的意义呢？首先，和合理念符合国与国之间相处的基本原则。每个国家都有自身的利益诉求、文化传统和价值立场，和合强调的是各国应在尊重彼此利益、特点的基础上实现和谐发展。其次，和合是能够满足各国利益的最佳方式。在和合的氛围中，各国的利益都能得到最大程度的保障。最后，和合能够让各国之间形成一种和谐融洽的关系。

20 世纪 90 年代以来，各种诋毁中国崛起的言论在国际上甚嚣尘上，对中国的国际形象造成了巨大的伤害。而和合对于树立中国的良好国际形象，无疑具有十分积极的意义。

---

① 赵伟：《大国兴起引发的骚动——从"中国威胁论"到"中国崩溃论"》，《中国国情国力》2002 年第 8 期，第 23 页。

② ［美］基辛格：《中国崛起不可避免》，《大公报》2007 年 4 月 4 日。

③ 胡适：《睡美人歌》，载氏著：《胡适全集》第 28 卷，安徽教育出版社，2003，第 82 页。

第四节 和合与命运共同体

2013 年 3 月 23 日，中国国家主席习近平在莫斯科国际关系学院发表演讲时，首次提出"人类命运共同体"理念。这一理念一经提出，便产生了广泛的国际影响。

"人类命运共同体"理念作为一种中国智慧，与中华优秀传统文化尤其是和合文化息息相关。它是和合文化在价值理念、行为模式以及社会理想层面的综合表达，是对中华优秀传统文化的创造性转化和创新性发展。

首先，从价值理念来看，"人类命运共同体"理念是对"天人合一""民胞物与""万物一体"等传统价值理念的继承。中国古人向来主张以和为贵，而"以和为贵"的理论前提就是"天人合一"。在中国人的宇宙论设计中，天人是同构的，张载的"民胞物与"和王阳明的"万物一体之仁"是最为典型的表述。张载曰："乾称父，坤称母；予兹藐焉，乃混然中处。故天地之塞，吾共体；天地之帅，吾其性。民吾同胞，物吾与也"。[①]按照张载的说法，人与我、物与人，都生在天地之间，都秉有天地之性，人跟天地万物之间、人与人之间，都能够和谐相处。这种价值理念到了王阳明那里，就直接被描述为"万物一体之仁"。王阳明曰："夫圣人之心，以天地万物为一体。其视天下之人，无外内远近，凡有血气，皆其昆弟赤子之亲。莫不欲安全而教养之，以遂其万物一体之念。天下之人心，其始亦非有异于圣人也。特其间于有我之私，隔于物欲之蔽。大者以小，通者以塞。人各有心，至有视其父子兄弟如仇雠者。圣人有忧之，是以推其天地万物一体之仁以教天下。使之皆有以克其私，去其蔽，以复其心体之同然。"[②]在王阳明看来，"万物一体之仁"所传递出来的是一种仁爱精神，而仁爱精神又

---

① ［宋］张载：《正蒙·乾称篇》，载氏著：《张载集》，中华书局，1978，第 63 页。

② ［明］王阳明：《拔本塞源论》，载氏著：《王阳明全集》，上海古籍出版社，1992，第 58 页。

是一种价值理念的选择。可以说，这种基于仁爱精神的价值选择就是中国传统思想的内核。而对"人类命运共同体"的倡导，从价值理念的设定来说，就是对这种传统精神最好的坚持和弘扬。

其次，从行为模式来看，"人类命运共同体"理念彰显了传统思想中"互惠互利"的基本原则。传统仁爱观念统摄下的和合价值理念，对中国人的行为模式有着直接的、根本性的影响。如在行为方式的选择上，中国人强调的是"和而不同""互惠互利"。《中庸》所谓的"万物并育而不相害，道并行而不相悖"，就是对"和而不同"最为直接的表述。孔子提出"君子和而不同，小人同而不和"，这里的"和"强调的是对于自身立场的坚持，而"同"意味着放弃自身的立场。从这一意义上来说，"和而不同"理念深刻体现了"和合"的精神实质，即不同事物或观点在融合过程中的对立统一、求同存异。中国古人崇尚的以义为先，实际上就是以共同的利益为先。

最后，从社会理想来看，"人类命运共同体"理念反映了中国古人对大同社会的一贯期待。《礼记》对"大同社会"的描述是："大道之行也，天下为公。选贤与能，讲信修睦。故人不独亲其亲，不独子其子，使老有所终，壮有所用，幼有所长，鳏、寡、孤、独、废疾者皆有所养；男有分，女有归。货，恶其弃于地也，不必藏于己；力，恶其不出于身也，不必为己。是故谋闭而不兴，盗窃乱贼而不作，故外户而不闭。是谓大同。"由此推知，儒家理想中的大同社会应当具有如下特征：一是天下为公，即天下是人民公有的，公天下是大同理想实现的制度基础；二是选贤与能，即选举有道德、有才能的人充当社会的管理者，这是大同理想的基本制度运作方式；三是整个社会拥有良好的信用关系与和睦的社会关系，这是大同理想的社会生活层面表达；最后，大同社会应该使所有人都获得安养，这是大同社会的基本保障，也是人民生活幸福美满的基本体现。而"人类命运共同体"理念的提出，无疑是对儒家的大同社会理想的继承。

毫无疑问，对于所有个体和所有国家来说，发展都是当务之急。唯有在"和合"的氛围中，所有的个体和国家才能获得良性的、可持续的发展。从这个意义上来说，"人类命运共同体"理念实际上就是和合文化在现代社会的创新性发展。

第三讲　作为一种哲学形态的和合

从理论层面来说，和合首先是作为一种哲学形态而存在的。

张立文先生从哲学形态的视角，阐述了"和合学"的内涵："所谓和合学，是指研究在自然、社会、人际、人自身心灵及不同文明中存在的和合现象，并以和合的义理为依归，以及既涵摄又超越冲突、融合的学问。"[①] 不难看出，张先生的和合学具有非常宏大的理论架构和非常明确的现实问题意识。继《和合学概论》之后，张立文先生又撰写了《和合哲学论》，并在该书中提出，只有从哲学建构的层面对和合问题进行梳理，才能最终确立其作为一种理论形态、文明形式的重要意义。

按照张立文先生的描述，和合哲学主要包含了四个层面的内容，分别是和合历史哲学、和合价值哲学、和合语言哲学与和合艺术哲学。[②] 张先生的分类虽然呈现出和合哲学所具有的丰富内涵，但也使得和合哲学变得晦涩抽象，且脱离现实生活。关于这一点，张先生曾有过明确的表述：

> 哲学形上学往往只给部分人以安身立命之所，而没有给所有人提供精神家园和终极关切，所以，中西哲学家一个接着一个排着队重复中西哲学历史覆辙的陷阱。[③]

在我看来，真正的哲学应当立足于人的现实生活、生命世界，然后用最直接而直白的语言来表达对终极问题的看法。因此，当越来越晦涩难懂的词汇、表述成为哲学的主流时，哲学之被时代所抛弃也是必然的。正如张立文先生所言，哲学应该关照的是活生生的生命本身。而我也反复强调，活泼泼[④]的生活事实，才是真正的哲学的生命力所在。

---

① 张立文：《和合学：21世纪文化战略的构想》，第70页。

② 张立文：《和合哲学论》，人民出版社，2004，第三、四、五、六章中的相关论述。

③ 张立文：《和合哲学论》，第60页。

④ 关于"活泼泼"一词，可看拙著：《传习录十讲》，孔学堂书局，2016；《心学的精神价值：活泼泼的生活世界》，《浙江社会科学》2017年第3期。

　　对于和合哲学的探讨，也是如此。我虽然钦佩张先生创立和合学以及和合哲学时强烈的问题意识，但并不认同他将和合哲学划分为和合历史哲学、和合价值哲学、和合语言哲学与和合艺术哲学四个层面。无论是历史哲学、价值哲学、语言哲学还是艺术哲学，都无法构成一个完整的哲学系统。从这个角度来说，和合历史哲学、和合价值哲学、和合语言哲学与和合艺术哲学都无法成为一种独立的哲学形态。有鉴于此，本讲对于作为一种哲学形态的和合的阐释，主要是从本体论、认识论、方法论以及实践论这四个层面展开的。

第一节　中国早期哲学史上两个著名的和合哲学例子

张立文先生将和合视为中国传统的根本精神："'和合'二字，是通过对中国传统哲学'天道'与'人道'近百个范畴的系统梳理，从中体贴出来的中国人文精神。和合学从一开始就深深地浸润在民族精神及其生命智慧的'源头活水'里。"[①]张先生的这段话，套用了程颢、程颐的"话头"[②]。

中国早期哲学史上，有两个关于和合哲学的著名例子。第一个例子与史伯有关。相传，史伯是周幽王的史官，其主要职责是起草文告、策命诸侯、记录史事、编写史书，兼管国家典籍、天文历法等。关于史伯的记载，主要出自《国语·郑语·史伯为桓公论兴衰》。郑桓公与史伯论及远古帝王为何能成就"天地之功"时，史伯指出："商契能和合五教，以保于百姓者也。"[③]这是"和合"在传世文献中的首次出现。下面要讨论的是史伯的另一段论述：

> 公曰："周其弊乎？"对曰："殆于必弊者也。《泰誓》曰：'民之所欲，天必从之。'今王弃高明昭显，而好谗慝暗昧；恶角犀丰盈，而近顽童穷固。去和而取同。夫和实生物，同则不继。以他平他谓之和，故能丰长而物归之；若以同裨同，尽乃弃矣。故先王以土与金木水火杂，以成百物，是以和五味以调口，刚四支以卫体，和六律以聪耳，正七体以役心，平八索以成人，建九纪以立纯德，合十数以训百体。出千品，具万方，计亿事，材兆物，收经入，行姟极。故王者居九畡之田，收经入以食兆民，周训而能用之，和乐如一。夫如是，和之至也。于是乎先王聘后于

① 张立文：《和合哲学论》，第38页。

② 程颢曾说过："吾学虽有所受，'天理'二字却是自家体贴出来。"（《河南程氏外书》卷十二）。

③ 徐元诰：《国语集解》，中华书局，2002，第466页。

异姓，求财于有方，择臣取谏工而讲以多物，务和同也。声一无听，物一无文，味一无果，物一不讲。王将弃是类也而与专同，天夺之明，欲无弊，得乎？"①

　　史伯的这段论述，涉及"和生"的哲学内涵。②在回答"周朝会不会败亡"这一问题时，史伯从"和"的角度讨论了"生"的问题。在史伯看来，"和"就是"以他平他"，最终使万物归于统一。"以他平他"之"平"，即在不同事物之间寻求动态的平衡。这种动态平衡的获得，就是新事物产生的前提和关键。因此先王把土和金木水火相配合而生成万物，调配五种滋味使之适合人的口味，调合六种音律使之动听悦耳。而周幽王却只追求同一，独断专行，败亡是必然的。

　　史伯对"和生"的阐述表明，"和"指的是不同事物之间的和谐、平衡。这种和谐、平衡是一个动态的过程，也是不同事物之间最有效、最根本的关系形态。也就是说，"和"并不是要取消事物之间的差异性，而是要在差异性中找到一种平衡的状态，而这种动态平衡的获得，也是各种事物共同存在的基本方式。此即所谓的"和实生物，同则不继"。

　　"和"与"同"的关系，是中国古代哲学史上的一个重要话题，先秦之际有过很多的讨论。③史伯的"和同"观不仅在当时，就是在整个中国哲学

---

　　①　徐元诰：《国语集解》，第470—473页。

　　②　安徽大学钱耕森先生所倡导的"大道和生学"，就是从史伯那里得到启发的。我曾和钱先生谈论过"大道和生学"的话题，认为"和生学"也是从传统的"和"文化中发展而来的，更多地强调"生"物的意义。"生"具有很强的限定性，强调"生"的结果，指明了"生"所具有的"和"的本质，但其向外的延展性不够，无法表述出生存的、过程性的真实含义。而"和合"更多地强调在"和"的基础上的"合"，即如何与他者共处、共生。此外"和"本身就包含有"生"的意义，所谓"和实生物，同则不继"。从这个意义上来说，"和生"在意义上似有累赘之嫌。对"大道和生学"感兴趣的读者，可以参看钱先生的相关论著。

　　③　"和"与"同"的关系在先秦之际就受到普遍关注，从一个侧面表明中国古人的思辨程度、概念辨析程度已经极高。"和""同"之辨的出现，并最终以"和"作为一个结论的提出，表明"和"作为一种价值理念、思维方式，已经成为中国思想的主流。

史上也具有代表性的意义。具体来说，史伯的"和同"观主要包括三个方面的内容。

首先，从价值意义来说，史伯认可的是"和"，而对"同"则予以贬斥。史伯所谓的"同"，实际上是"党同伐异"的意思。周幽王一方面完全排斥忠臣和君子，另一方面宠信奸臣和小人。

其次，史伯从现实世界的丰富性出发，确立了"和实生物，同则不继"的基本立场。孤阴不生，孤阳不长，只有阴阳和合，才能产生天地万物。因此，只要承认现实世界的丰富性，就必然会认可"和实生物，同则不继"的原则。在这个意义上，"同"是抽象的，"和"才是具体的、生动的。

最后，从境界的意义来说，史伯接受的是"和同"，即由"和"而"同"。史伯指出："于是乎先王聘后于异姓，求财于有方，择臣取谏工而讲以多物，务和同也。"而"务和同"就是追求在"和"的基础上的"同"，这个"同"描写的是经由平衡、和谐而达到的统一的状态，故可称为"和之同"。

第二个例子是《左传》中记载的晏子言论。昭公二十年十二月，齐景公打猎回来之后，晏子向齐景公阐释了自己对于"和""同"的看法。

> 齐侯至自田，晏子侍于遄台，子犹驰而造焉。公曰："唯据与我和夫！"晏子对曰："据亦同也，焉得为和？"公曰："和与同异乎？"对曰："异。和如羹焉，水、火、醯、醢、盐、梅，以烹鱼肉，燀之以薪，宰夫和之，齐之以味，济其不及，以泄其过。君子食之，以平其心。君臣亦然，君所谓可而有否焉，臣献其否以成其可；君所谓否而有可焉，臣献其可以去其否，是以政平而不干，民无争心。故诗曰：'亦有和羹，既戒既平。鬷假无言，时靡有争。'先王之济五味、和五声也，以平其心，成其政也。声亦如味，一气，二体，三类，四物，五声，六律，七音，八风，九歌，以相成也；清浊、大小，长短、疾徐，哀乐、刚柔，迟速、高下，出入、周疏，以相济也。君子听之，以平其心。心平，德和。故

诗曰：'德音不瑕。'今据不然。君所谓可，据亦曰可；君所谓否，据亦曰否。若以水济水，谁能食之？若琴瑟之专一，谁能听之？同之不可也如是。"（《左传·昭公二十年》）[①]

晏子认为，"同"与"和"有着根本不同的内涵，并用做羹汤和音乐两个例子来说明。"和"就像做羹汤一样，用水、火、醋、酱、盐、梅来烹调，厨工加以调和，使味道适中。君子喝汤之后，内心平静。音乐则是用清浊、大小、短长、缓急、哀乐、刚柔、快慢、高低、出入、疏密来调整节奏的。君子听了，内心平静。内心平静，德行就和谐。君臣之间也应如此。在商议事情的时候，国君认为可行的，其中也包含了不可行的，臣下指出不可行的，使可行的更加完备；国君认为不可行的，其中也包含了可行的，臣下指出其中可行的，使不可行的有回转余地。和羹与和声这两个例子充分表明，早在春秋时期，"和"这一观念便在百姓的日常生活中具有了强大的影响力。

事实上，史伯和晏子关于"和"的解释和分析，都强调了"和"对于政治统治所具有的基础性意义。因此可以说，从春秋时期开始，"和"便在政治领域和生活领域被广泛接受、使用，和合哲学便具备了强大的观念基础和社会基础。

[①]　杨伯峻编著：《春秋左传注》，中华书局，1990，第1419—1420页。

第二节　和合本体论与主体性的确立

在讨论和合哲学的本体论之前，我们先来看看"和"的两个代表性定义。一个是史伯所谓的"以他平他谓之和"；一个是《中庸》所谓的"喜怒哀乐未发谓之中，发而皆中节谓之和"。朱熹对《中庸》这句话的解释是：

> 喜、怒、哀、乐，情也。其未发，则性也，无所偏倚，故谓之中。发皆中节，情之正也，无所乖戾，故谓之和。大本者，天命之性，天下之理皆由此出，道之体也。达道者，循性之谓，天下古今之所共由，道之用也。此言性情之德，以明道不可离之意。

按照朱子的解释，喜怒哀乐未发的状态是人的本性；发出来之后无所乖戾，就是"和"。性是情之体，是未发，而情是循性之用，是已发。未发是中，已发是和。已发之和是一种事实状态的描述，是对用（后天的结果）的一种说明。

史伯的"以他平他谓之和"，是对于事物存在的基本事实的描述，故称之为以和为本的哲学也是可以的。根据《国语》的这段描述来梳理史伯的哲学脉络，可以得出如下认识。首先，史伯所有的诠释都是围绕着"和"展开的，"和"是史伯哲学思想的基本标志。其次，"和合"是"和"在社会治理层面的具体展开。商契和合五教，就是以伦理道德的和来达到天下和谐。这就确立了两千余年来，中国传统社会治理的基本格局，以伦理教化来实现社会和谐。再次，"和生"是对"和"的运作机制、原则的探讨。作为思想根基的"和"要在现实世界发挥其作用，必须要有一个行之有效的机制、原则作为保障。"和实生物，同则不继"就是史伯对于"和"的运作机制最为直接的阐述。在史伯看来，各种不同的事物要共同生存并且延续其存在，"和"——相互之间的动态平衡以及和谐的相处状态——就显得非常重要，而"和"就是"生"的动力机制所在。最后，"和同"是对于理想境界的一种描述。现实生活因丰富性、差异性、多样性而具有生命力，动态的平衡以及和谐就是一种建立在和的基础之上的同，就是在充分认可、保护每个个体特殊性的前提下的一种和谐、美满的状态。从字面意义来看，"以他平他"是一种行为或者过程，是一种关系的处理和选择。这就意味着，史伯对于"和"的描述最终还是落实在现实的、经验性的层面，并没有达到形而上的层面，因此从理论的角度来说，还不足以构成本体论的讨论。①

那么，我们应当如何理解和合的本体论呢？我想最直接有效的方式，就是回归中国哲学中的"道"论。张岱年先生提出：

> 中国古代哲学中道的观念，确有深刻复杂的含义。道的观念，至少蕴涵四层含义：（一）事物的存在都有其变化的过程；（二）在事物变化的过程中具有相对不变的规律；（三）事物有其特殊的规律，也有统一的普遍的规律，这些普遍的规律名之曰道。有些思想家则以事物变化的总过程为道；（四）有些思想家把普遍规律抬高到物质世界之上，看作最高的实体，世界的本原，于是成为一个观念的虚构。老庄、程朱都是如此。而《易大传》《管子》书和张载、王夫之等则反对这种虚构。总之，道包含过程与规律的意义，这都是客观世界的反映。②

张岱年先生的这段论述，是对中国古典哲学最为核心的范畴——"道"的观念的系统梳理。中国古典哲学对"道"的讨论与西方哲学有着根本的

---

① 史伯这里所呈现出来的理论形态，仍可以视为一种以"和"为基础的哲学形态。

② 张岱年：《中国古典哲学概念范畴要论》，载氏著：《张岱年全集》第四卷，第482页。

差别，由此形成了中西哲学本质上的差异。①张岱年先生将"道"称为规律（或者说普遍性的规律），是"客观世界的反映"，是可以在现实世界中被感知的。更何况中国古典哲学的传统，主要是一个直观的、感性的传统。但是，"道是规律"并不是对"道"的一种最恰当的解释。②

在经典文献中，对于"道"最简要的描述，应是《易大传》所谓的"一阴一阳之谓道"（《系辞上》）③。朱子对这句话的解释是："阴阳迭运者，气也。其理则所谓道。"④在朱子看来，阴阳二气流转运行的根据就在于它的理，而这个理就是道。张岱年先生认为："有些思想家把普遍规律抬高到物质世界之上，看作最高的实体，世界的本原，于是成为一个观念的虚构。老庄、程朱都是如此。"⑤朱子对"道"的解释，至少存在两层转折。第一层转折是，世界向我们所呈现出来的状态，是由阴阳二气的运转导致的。阴阳二气的流转运行，是由阴阳二气之理决定的，也就是由道决定的，这是第二层转折。经过这两层转折之后，"道"就变得非常抽象了。用张岱年先生的话来说，"道"就成为一个"观念的虚构"了。

"一阴一阳之谓道"中的"一阴一阳之谓"，应该如何理解？"一阴一阳"是从阴阳区分的角度来说的，中国古典哲学认为，万物均是由阴阳二气构成的。"之谓"是理解这句话的关键。从语法上来看，"之谓"是动宾结构的短语。在史伯和《中庸》作者对于"和"的界定中，均出现了"谓

---

① 中国哲学传统可以称为"行道"，侧重于实践，而这种实践必然在每个人身上有不同的表现，由此产生了功夫论、境界论。西方哲学传统可以称为"求道"，逻辑学、知识论就成为其关键的基础性要素。这就构成了中西哲学在"道"论上的根本性差异。

② 我认为："道就是什么时候该做什么就做什么。"首先，中国人对道的认识是基于天的，也就是天道。什么是天道？中国人的具体行为方式是由天时决定的，这就是天道对于人事的决定。其次，中国思想更多强调的是行为、实践。行为、实践合乎道，就是什么时候该做什么就做什么。最后，什么时候该做什么就做什么，是人的行为对于天道的顺应。所谓"顺天时"，恰恰就是道的过程性展开。

③ ［宋］朱熹撰，苏勇校注：《周易本义》，北京大学出版社，1992，第141页。

④ ［宋］朱熹撰，苏勇校注：《周易本义》，第141页。

⑤ 张岱年：《中国古典哲学概念范畴要论》，载氏著：《张岱年全集》第四卷，第482页。

之和"的说法。"之谓"和"谓之"有什么差别？ ^① "谓之"是一个主观性比较强的判断形式，"A 谓之 B"就是把 A 称为 B。这意味着 A 和 B 事实上的关系并不重要，重要的是在表达者看来，A 就是 B。这是一种充满情感意味的主观性界定。而"之谓"更倾向于一种具体事实的陈述，因此"A 之谓 B"可以理解为，像 A 这样的形式可以称为 B，其事实性和过程性的意味更为强烈。

那么，我们应该如何理解"一阴一阳之谓道"呢？首先，阴阳是两种不同特质的存在。其次，阴阳是构成天地万物的基础，天地万物都拥有阴阳这一共同本质。再次，阴阳构成万物，万物的产生就是阴阳和合的结果。也就是说，阴阳、万物始终处于一种动态的过程之中。最后，"和"是万物存在状态的表达或阴阳存在状态的描述。据此"一阴一阳之谓道"的表达式最终呈现出来的结果，就是"道"实际上是阴阳之间的动态平衡，就是"和"。

从"道"就是"和"的角度来说，以"道"为本体就是以"和"为本体。而且"和"作为本体，可以表达出非常明显的特征。首先，这是一种过程性的彰显。"和"必然涉及不同要素之间的关系，在不同的基础上实现"和"，在差异性的前提下实现统一性，这是很直接的过程性。其次，这是一种生活境界、生命事实的反映。中国古典哲学关注的是生活的境界、生命的事实，是一种实践哲学，但是在"观念的虚构"面前，我们的哲学事实上离这样的特征越来越远。尤其是近代以来，受西方哲学研究范式、研究术语的影响，这种弊病更加突显出来。而"和"的提出，无疑是对生活本位的哲学境界的回归。因此可以说，中国古典哲学就是和合哲学。老子

---

① 关于"之谓"和"谓之"的差别，王船山的《读四书大全说》（《船山全书》第六册）、戴震的《孟子字义疏证》（《戴震全书》第六册）中都有涉及。陈赟先生的《形而上与形而下：后形而上学的解读——王船山的道器之辨及其哲学意蕴》（《复旦学报》2002 年第 4 期）和吴根友先生的《试论戴震的语言哲学思想》（《中国哲学史》2009 年第 1 期）中亦有论及，读者可以参看。

曾说过:"道生一,一生二,二生三,三生万物。万物负阴而抱阳,冲气以为和。"(《道德经》第四十二章) ① 王弼对这段话的解释是:"故万物之生,吾知其主,虽有万形,冲气一焉。" ② 一般认为,"一"就是阴阳未分的元气,"二"就是阴阳二气,"三"就是阴阳和合之气,即"冲气"。从宇宙生成的过程来看,天地万物的产生过程,就是由道产生元气,由元气化为阴阳二气,而阴阳二气的调和是产生天地万物的关键步骤。"负阴而抱阳"之"负"为背负之意,"抱"为怀抱之意,背负的东西属于阳,怀抱的东西属于阴,"负阴而抱阳"强调的是阴阳的调和、平衡。万物之所以存在,也就是因为这种平衡。所以,在万物存在的事实上,也表现出这种"和"。"冲气以为和",反映出老子对天地万物之存在状态的感悟。

如果说"和"的本体是一种过程性和事实性的表达的话,那么,这种事实性体现在哪里呢?最直接的体现,就是个体的内在——"心"。③ "和"的状态落实到"心"上,自然就是一个"活泼泼"的生活事实了。关于这一点,蒙培元先生明确指出:

中国哲学普遍认为,心灵是主宰一切、无所不包、无所不通的绝对主体,因此,赋予心灵以特殊的意义和地位。心灵是主体范畴,但它不是与自然界(或世界)相对立的"孤立主体",或"相对主体",而是与自然界完全统一的绝对主体或统一主体。中国哲学所谓的"感应"或"感通"之学,在很大程度上是指心灵与外界事物的相互关系而言的。但不是感知与被感知的关系,或认识与被认识的关系,而是存在意义上的潜在与显现的关系,即所谓"寂"与"感""隐"与"显"的关系。《易传》所说的"寂然不动""感而遂通",既是讲"易道",也是讲心灵,切不可

---

① [魏]王弼注,楼宇烈校释:《老子道德经注校释》,中华书局,2008,第117页。
② [魏]王弼注,楼宇烈校释:《老子道德经注校释》,第117页。
③ 我一直强调,中国古典哲学在先秦时期发生过两大变革:一是天、帝、上帝等观念转变为"道",二是"道"落实到人心。参看拙著:《先秦诸子导读》,商务印书馆,2015,导论。

看作单纯的宇宙论。《易》本是圣人所作，"易"之道与圣人之心是相通的，推而论之，人心与天地之道也是相通的。《易传》所谓"三才之道"，所谓"参赞化育"，就是从这个意义上说的。之所以能够"感而通之""参赞化育"，就是因为心灵中潜在地具有天地万物之道。这里，心灵的主体作用是明显的。①

蒙先生的这段论述，有两点是非常重要的。首先，正是因为人与天地都是由阴阳二气和合而成的，人才可以与天地并列为"三"。所谓"三才之道""参赞化育"，都是在人与天地万物具有共同基础的意义上说的，这种共同基础，就是阴阳二气的和合。其次，对于人来说，心灵主宰一切，心灵是与天地万物沟通的根本。换言之，天地之道是在人的心灵中"潜在"的，天地之"和"可以落实到人的心灵之中。当"和"落实到个体心灵之后，人心的主导意义才得以彰显出来，人的主体性才得以确立。

人自做主宰，与天地并生，与万物为一。因此可以说，中国古典哲学是以人为中心的。孔子所谓的"人能弘道，非道弘人"，强调的就是人对于道义的积极承担和弘扬。从这个意义来说，"和合哲学"②最终落实到了人的心灵，直接表达出一种过程性和现实性的本质特征。

从哲学本体论的角度来说，中国古典哲学就是以"和"为本体的和合哲学形态。和合哲学最终落实到人的心灵，并由此确立了人在中国古典哲学中强大的主体地位。

---

① 蒙培元：《心灵超越与境界》，人民出版社，1998，第4页。
② "和合哲学"更能反映出中国哲学的内在特质，更具有动态性和过程性的意义。"和合"强调两个不同的主体，而"合"的结果才是"和"。"和"的哲学很难直接地表达出这种行为的过程来。过程性就是一种时间性，时间性则是一种动态性、现实性，因此"和合"哲学更能体现出中国古典哲学所具有的深刻内涵。

第三节　和合认识论与他者的存在

"人怎么看待这个世界"这一问题，是关于知识的问题。"知识"问题涉及如下内容：一、知识之由来——知识是习得的，还是天生的？二、知识之性质——知识的内容是感觉呢，知觉呢，概念呢，判断呢，还是其他呢？三、知识与实在之联系——知识的对象是外物还是心影？抑或兼是？四、知识的标准——知识上的真伪应当如何区分？[①] 金岳霖先生在《中国哲学》中指出：

> 中国哲学的特点之一，是那种可以称为逻辑和认识论的意识不发达。这个说法的确很常见，常见到被认为是指中国哲学不合逻辑，中国哲学不以认识为基础。显然中国哲学不是这样。我们并不需要意识到生物学才具有生物性，意识到物理学才具有物理性。中国哲学家没有发达的逻辑意识，也能轻易自如地安排得合乎逻辑；他们的哲学虽然缺少发达的逻辑意识，也能建立在已往取得的认识上。意识到逻辑和认识论，就是意识到思维的手段。中国哲学家没有一种发达的认识论意识和逻辑意识，所以在表达思想时显得芜杂不连贯，这种情况会使习惯于系统思维的人得到一种哲学上料想不到的不确定感，也可能给研究中国思想的人泼上一瓢冷水。[②]

金岳霖先生从逻辑学和认识论的角度，对中国哲学做了一个基本的判断，这个判断也成为当时学者的共识。需要指出的是，金先生是按照西方的认识论框架来判断中国古典哲学的，对中国传统认识论的独特性揭示不

---

① 张东荪：《认识论》，世界书局，1934，第1页。
② 金岳霖、钱耕森：《中国哲学》，《哲学研究》1985年第9期。

足。略早于金岳霖先生的张东荪先生则提出：

> 西洋哲学上的问题大半不是中国人脑中所有的问题。我因此乃觉得西方与东方在心理上，换言之，即是在思想的路子上，却有不同。根据这一点，又使我不得不承认西方人所有的知识论不能不加以修正。因为西方人的知识论是把西方人的知识即视为人类普遍的知识，而加以论究。然殊不知西方人的知识仅是人类知识中的一种而已，在此之外，尚确有其他。①

不难发现，在近代认识论研究的范式上，张东荪先生与金岳霖先生走的是两条不同的道路。②张东荪先生试图以一种更为宏大的视野来考察认识论，将知识引入人的存在、人的生命本身。张先生明确指出：

> 我们若明白我们的知识是生命的表现，换言之，即是生命的职能，则我们决不会把知识认为和明镜一样的东西，遇什么照什么，且丝毫不走原样。生物原则的认识论于一方面固然肯定了知识的真正性质，同时却对于知识加以限制，以为超过了这个原则以外，知识是无能为役。③

张东荪先生的论述将知识与生命联结起来，赋予认识论以更大的包容性，可称之为多元认识论或者沟通内外的认识论。尤为重要的是，这种认识论可以在中国古典哲学中找到支撑、阐释。张先生进一步提出："知识本身就是生命。""知识表现生命。……生命借知识而显现"。④借由张先生的

---

① 张东荪：《知识与文化》，上海书店，1990，第170页。

② 关于中国近代认识论研究的相关资料，以及对于张东荪认识论的总体研究，可参见张耀南：《张东荪知识论研究》，（台北）洪叶文化事业有限公司，1995。

③ 张东荪：《科学与哲学》，商务印书馆，2004，第128页。

④ 张东荪：《知识与文化》，第40页。

认识论，我们得以重新探讨重视生命本身的中国古典哲学的认识论。

那么，我们应当如何理解和把握和合哲学的认识论呢？最关键的是要理解三个词：静观、感通与体悟。这三个概念构成了中国古典哲学认识论的基本框架。

"观"是中国古典哲学思维的一个重要特征。《周易·系辞传下》就阐述了"观""察"对中国古典哲学构建的意义：

> 古者包牺氏之王天下也，仰则观象于天，俯则观法于地，观鸟兽之文与地之宜，近取诸身，远取诸物，于是始作八卦，以通神明之德，以类万物之情。(《系辞传下》)[1]

这段话表明，中国古人通过"仰观俯察"这一独特的思维方式，建立起极为丰富的古典哲学系统。因此可以说，中国古典哲学是直观思维（或者说形象思维），它诉诸感性行为多于理性的逻辑辨析。观察既是古典哲学观念建立的前提，也是我们探究古典哲学的必要方式（或者说直接方式）。

《观卦·彖传》曰："大观在上，顺而巽，中正以观天下。观，盥而不荐，有孚颙若，下观而化也。观天之神道，而四时不忒；圣人以神道设教，而天下服矣！"这段话的意思是说，圣人仰观大自然天象运行的神妙法则，归纳出时空四季交替分毫不出偏差的道理，然后用这些道理去教化百姓，从而实现天下太平。由此可见，"观"对于中国古人来说，是有着根本性意义的。观象、观变，仰观、俯察等观察方式，都是中国古人思维的出发点。

作为一种思维方式、行为方式，"观"的重要性自不待言，但是对于人来说，更重要的是要怎么观[2]。静观是非常重要的一种方式，程颢《秋日偶

---

① ［宋］朱熹撰，苏勇校注：《周易本义》，第 153 页。

② 根据六爻时位的不同，《观卦》提出了六种"观"的方式：童观（初爻）、窥观（二爻）、观我生（三爻）、观国之光（四爻）、观我生（五爻）、观其生（上爻）。其中"观我生"出现两次，充分表明从自身的角度来观，是一个非常重要的原则、方法。

成》诗中有"万物静观皆自得",这句诗是说要想准确地把握被"观"的对象,观者要保持虚静的状态。老子提出:"致虚极,守静笃。万物并作,吾以观复。"(《道德经》第十六章)王弼对这段话的解释是:"言致虚,物之极笃;守静,物之真正也……以虚静观其反复。凡有起于虚,动起于静,故万物虽并动作,卒复归于虚静,是物之极笃也。"①在中国古人看来,虚静是天地万物的原本状态,以虚静来观虚静,是最接近事物本真状态的方式。因此,在中国古典哲学的话语系统中,虚静就意味着内心屏除了欲望等的影响,达到一种平和、宁静的状态。荀子的"虚壹而静",也表达相同的意思:

> 人何以知道?曰:心。心何以知?曰:虚壹而静。心未尝不臧也,然而有所谓虚;心未尝不两也,然而有所谓一;心未尝不动也,然而有所谓静。人生而有知,知而有志;志也者,臧也;然而有所谓虚,不以所已臧害所将受,谓之虚。心生而有知,知而有异;异也者,同时兼知之;同时兼知之,两也;然而有所谓一;不以夫一害此一,谓之壹。心卧则梦,偷则自行,使之则谋;故心未尝不动也,然而有所谓静,不以梦剧乱知谓之静。未得道而求道者,谓之虚壹而静。作之,则将须道者之虚,则人;将事道者之壹,则尽;尽将思道者静,则察。知道察,知道行,体道者也。虚壹而静谓之大清明。万物莫形而不见,莫见而不论,莫论而失位。坐于室而见四海,处于今而论久远。疏观万物而知其情,参稽治乱而通其度,经纬天地而材官万物,制割大理而宇宙里矣。恢恢广广,孰知其极?罢罢广广,孰知其德?涫涫纷纷,孰知其形?明参日月,大满八极,夫是之谓大人。夫恶有蔽矣哉!②

---

①　[魏]王弼注,楼宇烈校释:《老子道德经注校释》,第53页。

②　[清]王先谦:《荀子集解》,中华书局,1988,第395—397页。

荀子的这段论述，详细阐述了虚静对一个人正确认识道以及所有对象所具有的重要意义。心靠什么来了解道呢？靠虚壹而静（虚心、专心和静心）。所谓虚心，就是不让已经储藏在心中的知识去妨害将要接受的知识；所谓专心，就是不要让对其他事物的认识来妨害对目标事物的认识；所谓静心，就是不让胡思乱想扰乱对正确知识的获得。想要得道的人，达到了虚心的地步就能够得道；想要奉行道的人，达到了专心的地步就能够穷尽道的全部；想要探索道的人，达到了静心的地步就能够明察道。达到了虚心、专心与静心的境界，就达到了最大的清澈澄明（对一切对象都能准确判断的状态）。达到这种境界的人，还能被什么东西蒙蔽呢？

在荀子看来，人心是很容易被遮蔽的，"欲为蔽，恶为蔽，始为蔽，终为蔽，远为蔽，近为蔽，博为蔽，浅为蔽，古为蔽，今为蔽。凡万物异则莫不相为蔽，此心术之公患也"。[①] 所有的蔽都会妨碍人对于对象的正确认识和把握，要想不被遮蔽，就必须使内心保持虚壹而静的状态，故荀子又曰："心枝则无知，倾则不精，贰则疑惑。以赞稽之，万物可兼知也。身尽其故则美，类不可两也，故知者择一而壹焉。"[②] 据此可知，虚静专一的内心古典是人获得正确认知的前提。

中国古典哲学家对人心的主宰和认知作用大都有着非常清晰的认识，尤为重视静观。如《老子》的"涤除玄览"、《庄子》的"心斋"、佛教的"观照"等，无不强调人只有在内心虚静专一的状态下，才能正确地把握被认识的对象、外在的世界。内心的静就是"和"，"和"由此成为准确把握自我和他者的关键。

"感通"是中国古典哲学中一个非常重要的概念，唐君毅先生在《生命存在与心灵境界》一书中详细阐述了感通的问题：

---

① ［清］王先谦：《荀子集解》，第388页。
② ［清］王先谦：《荀子集解》，第399页。

　　上文言境与心之感通相应者，即谓有何境，必有何心与之俱起。而有何心起，亦必有何境与之俱起。此初不关境在心内或心外，亦不关境之真妄。谓境在心外，乃与视此境在心外之心俱起，妄境亦与妄心俱起。而知此妄境与妄心俱起者，固是真知真心。此真心知此妄境与妄心俱起者，更有其所对真境，而可依此真境，以转妄境化妄心，而去此妄境妄心。此皆后来事。今若不依此后来事，说境与心之感通相应，则无论谓境在心外或心内，无论境之真或妄，皆与心之某种感通相应。视境在心外而感之于外、通之于外，亦是感通。感妄境通妄境，而此感通之能，或以境妄而染妄，成妄感通，亦是一种感通。①

　　在唐君毅先生看来，感通是心（内在）与境（外在）之间的一种关系，"无论谓境在心外或心内，无论境之真或妄"，感通都是一种普遍的事实。唐先生以感通为基础，同时借助佛教"观"的概念，分别从横观、顺观、纵观三个维度，构建了九个依次超越的心灵层级，此即著名的"心灵九境"说（万物散殊境、依类成化境、功能序运境、感觉互摄境、观照凌虚境、道德实践境、归向一神境、我法二空境、天德流行境）。"心灵九境"说以心灵与境界之感通与体相用之开展，建立三重九境的哲学体系，由九境互通而成一无所不包的哲学体系。这一理论在现代新儒家关于生命境界的讨论中可谓独树一帜。此外，徐先生为了安顿人的生命存在，还架构了一个理论。他说："今著此书，为欲明种种世间、出世间之境界（约有九），皆吾人生命存在与心灵之诸方向（约有三）活动之所感通，与此感通之种种方式相应；更求如实观之，如实知之，以起真实行，以使吾人之生命存在，成真实之存在，以立人极之哲学。"②在唐先生的学说架构中，最基础的就是感通说，因此有人称唐先生的学说为感通形上学。

---

① 唐君毅：《生命存在与心灵境界》，中国社会科学出版社，2006，第3页。

② 唐君毅：《生命存在与心灵境界》，第1页。

感通思想是《周易》哲学的重要组成部分。《彖传上》就"感"的意义以及重要性作出重要的阐述：

> 咸，感也。柔上而刚下，二气感应以相与。止而说，男下女，是以"亨利贞，取女吉"也。天地感而万物化生，圣人感人心而天下和平。观其所感，而天地万物之情可见矣。[1]

"感"的本质就是二气相互感应，也就是阴阳相感。《咸卦》通过将男女相感扩充至天地万物相感，构建出一个建立在交感基础上的生活世界。

《系辞传》中对"感通"的描述是："易，无思也，无为也，寂然不动，感而遂通天下之故。非天下之至神，其孰能与于此。"[2]唐君毅先生在《中国哲学原论·原道篇》中对这段话的解释很精到。他说：

> 吾人此时之心之无思无为，亦即如虚涵、虚载此一天地万物之全体，而范围之。此时在无思无为之世界中之天地万物，与此《易》之为书、及吾人之心，即皆同在一寂然不动之境。然当卦爻既定，则《易》之为书，显出其象象之辞，亦显出其辞所象之天地万物中之若干类之物，与物与物所结成之若干之事；而我即可由此若干之物象、事象以定吉凶，而知我之若干进退行止之道，亦降至于若干之思与为之境。是即可称为《易》之为书之"感而遂通"，亦我心之"感而遂通"。[3]

天地万物均是禀阴阳二气而来的，这就构成了感通的先决条件。所谓同类相感，就是这个道理。"无思也，无为也，寂然不动"，是人心可以感

---

① ［宋］朱熹撰，苏勇校注：《周易本义》，第99页。
② ［宋］朱熹撰，苏勇校注：《周易本义》，第147页。
③ 唐君毅：《中国哲学原论·原道篇》卷二，台湾学生书局，1986，第142页。

通他者的前提。所谓无思、无为、寂然不动，强调的就是人心虚静平和的状态。换言之，感而遂通的前提就在于人心处于一种无思无虑、恬淡平静的状态之中。如果人心是思虑杂乱的，"感"还在不在？当然在，因为人与万物的同构决定了感的普遍性存在，但是"感"的结果不一定是"通"。从这个角度来说，感通的前提是人心的"和"，感通的结果是人与他者的"和"，或者说是人对天地万物的一种恰当把握。

"悟"尤其是"顿悟"，是中国禅宗的重要概念。胡适先生对"顿悟"做了详细的阐释：

> 顿悟之说，起源甚早，最初倡此说的大师是慧远的大弟子道生，即是世俗所称为"生公"的。道生生当晋宋之间，死于元嘉十一年（434）。他是"顿宗"的开山祖师，即是慧能、神会的远祖。……这是中国思想对于印度思想的革命的第一大炮。革命的武器是"顿悟"。革命的对象是那积功积德、调息安心等繁琐的"渐修"工夫。生公的顿悟论可以说是"中国禅"的基石，他的"善不受报"便是要打倒那买卖式的功德说，他的"佛无净土论"便是要推翻他的老师（慧能）提倡的净土教，他的"一阐提人皆得成佛"便是一种极端的顿悟论。我们生在千五百年后，在顿宗盛行之后，听惯了"放下屠刀立地成佛"的话头，所以不能了解为什么在当日道生的顿悟论要受旧学僧党的攻击摈逐。须知顿渐之争是一切宗教的生死关头，顿悟之说一出，则一切仪式礼拜忏悔念经念佛寺观佛像僧侣戒律都成了可废之物了。……故道生的顿悟论出世，便种下了后来顿宗统一中国佛教的种子了。①

胡适先生将"顿悟"作为中国禅的基石，后来又在演讲《中国禅学的方法》时将禅学的方法归纳五种：不说破、疑、禅机、行脚、悟，并对

---

① 胡适：《菏泽大师神会传》，载氏著：《胡适说禅》，东方出版社，1993，第122—130页。

"悟"展开进一步的说明：

> （五）悟……从"不说破"起说到"桶底脱了"，完全觉悟贯通。如
> 圆悟和尚行脚未悟，一天见法演和尚与客谈天，法演念了两句绝体诗：
> "频呼小玉元无事，为要檀郎认此声。"全不相干，圆悟听了就忽然大悟
> 了。……《孟子》上道："欲其自得之也。自得之，则居之安；居之安，
> 则资之深；资之深，则取其左右逢其源。"自得才是悟，悟就是自得。
> 以上所讲禅学的方法，彻头彻尾就是一个自得。总结起来，这种禅
> 学运动，是革命的，是反印度禅、打倒印度佛教的一种革命。①

"悟"的境地，也就是胡适所说的"自得"境界，也就是一种认识（当
然包括实践）的完成。按照胡适先生的说法，"自得"境界是通过学禅者自
己的觉悟来达到的。宋代大儒朱熹也有类似的表述：

> 所谓致知在格物者，言欲致吾之知，在即物而穷其理也。盖人心之
> 灵莫不有知，而天下之物莫不有理，惟于理有未穷，故其知有不尽也。
> 是以大学始教，必使学者即凡天下之物，莫不因其已知之理而益穷之，
> 以求至乎其极。至于用力之久，而一旦豁然贯通焉，则众物之表里精粗
> 无不到，而吾心之全体大用无不明矣。此谓物格，此谓知之至也。②

朱子的这段论述，就是后来聚讼颇多的格物致知补传。朱子提出，格
物是人获得最高的真理——知至的重要方法。人通过对具体事物的格，来
了解具体事物的理，这是一个不断累积的过程。唯有在累积的基础上"豁
然开朗"，才能最终达到觉悟的目的。在朱子之前，二程亦重视"悟"这种

---

① 胡适：《中国禅宗之发展》，载氏著：《胡适说禅》，第199页。
② ［宋］朱熹：《四书章句集注》，第6—7页。

认知方式。

> 凡一物上有一理，须是穷致其理。穷理亦多端：或读书讲明义理，
> 或论古今人物，别其是非，或应接事物，而处其当，皆穷理也。或问：
> "格物须物物格之，还只格一物而万理皆知？"曰："怎得便会贯通？若只
> 格一物，便通众理，虽颜子亦不敢如此道。须是今日格一件，明日又格
> 一件，积习既多，然后脱然自有贯通处。"①

由二程的论述可知，体悟是中国古典哲学传统中一个基本的认知方式，②
即由个体（个人的经验累积、行为）来达到觉悟的目的。觉悟后的境地就
是"贯通""自得"，也就是个体与他者之间达到了一种和谐的状态。

从认识论的角度来看，认知处理的是个体与他者之间的关系问题。因
为在中国古典哲学传统中，并没有主客二分的情形，在认识他者时，并不
是将他者视作异于自己的存在，而是把他者视为一个主体（在中国古典哲
学中，称作主体间性或者说交互主体）。从静观、感通和体悟来看，在中国
古典哲学（和合哲学）的框架下，对于认识的处理具有如下特征：首先，
因为万物同构（源于阴阳二气之和）是认识的前提，所以只有观、感和悟
才是切实可靠的认知路径；其次，内心的状态决定认识的效果，也就是说，
能不能获得对他者的准确把握，很大程度上取决于个体内心的状态（是否
平和安宁）；最后，认知的结果是达到"和"的状态，即与他者和谐相处。

---

① ［宋］程颢、［宋］程颐：《二程集》，中华书局，1981，第188页。
② 《老子》所说的"为道日损"，后来道教所言的"止念"，也具有类似的特点。

第四节　和合方法论与反求诸己的基本立场

无论是从和合本体论来说，还是从和合认识论来说，人的"心"都是极其重要的一个概念。从这个角度来说，中国古典哲学就是以心作为意义的根基和行为的主宰的。经典时代的中国思想发生了两大根本性的变革，由此确立了中国思想的基本精神价值。第一大变革发生在思想表达的层面，"道"取代了"天"（"帝""上帝"）成为中国思想最根本的观念。这个变革有两大影响，首先是"道"这一观念的出现，意味着中国思想的成熟。不管是"天"还是"帝"（"上帝"）都有着非常明显的人格神的意味，而"道"作为一个抽象性极强的理性化的观念，非常直接地表达出了中国思想所具有的成熟度，即所谓的理性早熟。当西方哲学仍处在宗教蒙昧状态时，我们已经开始用极具理性、抽象特点的"道"来表达思想了。这在人类思想史、哲学史上，都是一个重大的进步。

中国古人的思想是和他们的农耕生活密切相关的。太阳的东升西落带来昼夜变化，昼夜变化带来寒暑往来。这就是"道"。"道"是古人生活整体事实的反映，唯有在时和事的统一中，"道"才具有了鲜活的意义。如果说"道"是一种生活事实，那么其只有在个体身上体现出来，才具有真实含义。这就，对"道"的重视反映的是古人对自身的确证——对自我存在的重视。由此产生了中国思想中的第二个重大变革，那就是"道"必须落实到人心。"道"是一种鲜活的生活事实，每个个体因具有"道"而具有了生活的基本价值（或者说精神）。每个个体的生命价值都由两部分组成：从肉体上来说，人心的跳动维系着他的基本生活；从价值上来说，"道"的存在成就了他所追求的价值理想。而当人心可以承续天道的时候，肉体存在就具有了永恒的精神价值。

中国古典哲学所谓的"心"，从来都不是单纯生理意义上的心，它代表的就是"道"，就是我们的精神价值。从这个意义上来说，心学是中国传统哲学的真精神。建立在心学之上的中国古典哲学，由此也呈现出了动态的、内向的精神向度。南宋陆九渊曰：

> 吾心即是宇宙，宇宙即是吾心。东海有圣人出焉，此心同也，此理同也；西海有圣人出焉，此心同也，此理同也；南海北海有圣人出焉，此心同也，此理同也；千百世之上有圣人出焉，此心同也，此理同也；千百世之下有圣人出焉，此心同也，此理同也。①

这种心同、理同的基本设定，就是和合本体论的基本思路。在和合哲学形态中，向内的反省是个体最根本、最有效的方法。《论语》记曾子之言曰："吾日三省吾身：为人谋而不忠乎？与朋友交而不信乎？传不习乎？"②由此，反求诸己作为一种方法在中国古典哲学（和合哲学）中得以确立。反求诸己，最早是由孟子③提出的："爱人不亲反其仁，治人不治反其智，礼人不答反其敬。行有不得者，皆反求诸己，其身正而天下归之。"④"反求诸己"最直接的解释是：当我们的行为出现问题的时候，先从自身寻找原因。朱熹在《白鹿洞书院揭示》中将反求诸己视作"接物之要"："接物之要：己所不欲，勿施于人；行有不得，反求诸己。"不难看出，反求诸己这一行为方式在传统中国社会中是被普遍推崇的。

孟子曰："万物皆备于我矣，反身而诚，乐莫大焉。强恕而行，求仁莫近焉。"（《尽心上》）在孟子看来，"反身"的前提就是"万物皆备于我"。

---

① ［宋］陆九渊：《陆九渊集》，中华书局，1980，第483页。

② ［宋］朱熹：《四书章句集注》，第48页。

③ 《论语·卫灵公》曰："君子求诸己，小人求诸人。"《中庸》亦有："射有似乎君子：失诸正鹄，反求诸其身。"《大学》亦有"是故君子有诸己而后求诸人，无诸己而后非诸人"的说法。以上数例充分表明，"反求诸己"是儒家一贯的要求。

④ ［宋］朱熹：《四书章句集注》，第278页。

朱子解释道："此言理之本然也。大则君臣父子，小则事物细微，其当然之理，无一不具于性分之内也。……身而诚则仁矣，其有未诚，则是犹有私意之隔，而理未纯也。故当凡事勉强，推己及人，庶几心公理得而仁不远也。此章言万物之理具于吾身，体之而实，则道在我而乐有余；行之以恕，则私不容而仁可得。"[1] 这里的"理之本然"，说的是人秉阴阳二气之交感以生，阴阳二气之和就是"道"，所以天地万物之理跟我之本性无一丝之差别。个体的禀赋若不完满，即使反身也不可能达到"诚"的境界。个体禀自"道"的和谐性、完满性，由此成为反求诸己得以实现的最根本保证。也就是说，和合的本体保证了反求诸己的可行性和有效性。

反求诸己还是一种最有效的行为方式。从本性上来说，每一个个体都是自在完满的，这就意味着要实现行为方式的有效性，首先要保证这种行为在自我的身上得到实现。所以中国古典哲学将"成己"视为最重要的目标，如《孟子》曰："君子深造之以道，欲其自得之也。自得之，则居之安；居之安，则资之深；资之深，则取之左右逢其原，故君子欲其自得之也。"[2] 而"自得"就是在个体自我的身上完成对"道"的体认。朱熹对孟子这段话的解释是："言君子务于深造而必以其道者，欲其有所持循，以俟夫默识心通，自然而得之于己也。自得于己，则所以处之者安固而不摇；处之安固，则所借者深远而无尽；所借者深，则日用之闲取之至近，无所往而不值其所资之本也。程子曰：'学不言而自得者，乃自得也。有安排布置者，皆非自得也。然必潜心积虑，优游餍饫于其闲，然后可以有得。若急迫求之，则是私己而已，终不足以得之也。'"[3] 可见在孟子看来，唯有自得于己，才是理解和把握"道"的最有效方式。从这个意义上来说，"为仁由己"是个体可以自我选择、自我把握和自我实现的。

<hr />

① ［宋］朱熹：《四书章句集注》，第 350 页。
② ［宋］朱熹：《四书章句集注》，第 292 页。
③ ［宋］朱熹：《四书章句集注》，第 350 页。

传统儒家认为，唯有在反求诸己的基础上推己及人，在成己的基础上实现成物，才能达到"乐"的境界。朱熹曰："诚者，非自成己而已也，所以成物也。成己，仁也；成物，知也。性之德也，合内外之道也。"①中国古典哲学虽然非常强调自我的完善，但是自我的完善并不是其最终目标，最终的目标是"合内外之道"，也就是内外均达到和谐完满的状态。王阳明曰："夫圣人之心，以天地万物为一体。其视天下之人，无外内远近，凡有血气，皆其昆弟赤子之亲。莫不欲安全而教养之，以遂其万物一体之念。天下之人心，其始亦非有异于圣人也。特其间于有我之私，隔于物欲之蔽。大者以小，通者以塞。人各有心，至有视其父子兄弟如仇雠者。圣人有忧之，是以推其天地万物一体之仁以教天下。使之皆有以克其私，去其蔽，以复其心体之同然。"②在王阳明看来，唯有在成己的基础上，才能够真正地达到"万物一体"的境界，才能够真正地去成物。实际上，成己和成物都强调自我的完善、自我价值的确立以及与他者和谐共处。

综上所述，作为方法论的反求诸己，既根源于和合哲学的基本精神，也是和合哲学得以实现的重要保障。

---

① [宋] 朱熹：《四书章句集注》，第34页。

② [明] 王守仁：《拔本塞源论》，载氏著：《王阳明全集》，第58页。

第五节　和合实践论与意义世界的构建

所谓实践论，就是把哲学的理念付之于实践，在具体实践中展现哲学所具有的意义和价值，从而重建价值理想。对于和合哲学来说，其实践论可表述为在知行合一基础上的意义世界的构建。

说起意义世界的构建，就不得不提王阳明的"心外无物"。"心外无物"最经典的表述就是看"岩中花树"：

> 先生游南镇，一友指岩中花树问曰："天下无心外之物，如此花树，在深山中自开自落，于我心亦何相关？"先生曰："你未看此花时，此花与汝心同归于寂。你来看此花时，则此花颜色一时明白起来。便知此花不在你的心外。"（《传习录》下第二七五条）①

很多人据此判断，王阳明否认外部客观世界的存在，将客观存在着的物质视为"心"的映射，是主观唯心主义者。事实真是如此吗？要想回答这个问题，我们首先要厘清友人诘问王阳明时说的"天下无心外之物"中的"物"与阳明心学中的"物"是否为同一件事。由二人对话的情境可知，友人所说的"物"是指客观存在的具体事物，是本然存在的事物，在彼时彼刻、彼情彼境中，指的是岩中的"花"。然而，"物"在阳明心学中不是指客观的存在物，不能被规定为自在之物，而是与人的意识以及人的内心相关联的行为。可以说，阳明心学中的"物"实际上是由客观存在物与人的意识共同构成的意义之"物"。就存在而言，其有别于本然意义上的存在，是一种为人的存在，是对人具有某种现实意义的存在。

其次要理解王阳明答语"你未看此花时，此花与汝同归于寂"中的

---

① ［明］王阳明：《王阳明全集》，第 107—108 页。

"寂"字，在佛教中有"寂灭"之义。"寂灭"是涅槃的一种译名，按照《大乘起信论》的说法："以无明灭故，心无有起；以无起故，境界随灭；以因缘俱灭故，心相皆尽，名得涅槃。"由此可见，"寂灭"在佛教中指本体寂静，离一切诸相，是一种精神的提升，并没有虚无或不存在的含义。显然，"静无声音""安静""寂灭"，都没有否认客观物质世界存在的意义。王阳明所谓的"你未看此花时""你来看此花时"中的"此花"，是他彼时彼刻所强调的。也就是说，这里有一个很明显的逻辑预设——"此花"是存在的，否则何言"此"？又何言"看"与"未看"呢？由此可知，王阳明并没有否认客观事物的存在，也没有以"心"来构造外物的本然存在。而所谓的"心外无物"，强调的是"心"对外部客观世界进行赋义的行为，即"心"赋予了外物以相对于主体而言的意义，若"此花一时明白起来"一般。

按照王阳明的阐述，万物与"心"同体，与"心"同构，人们只能从自身的存在出发，来揭示对象之存在意义。世界是处于关系之中的，而人则是关系的中心。所以，必然要从关系中去把握事物的存在，进而把握世界。"心"是主体，而且有向外开展的趋势，而"意"则是"心"外化过程中的一个关键性环节。由于"意"的作用，物才有了存在的直接依据。物并不是指本然的存在，而是与人的意识直接关联在一起的"意之所在"的物，是进入了人的意识领域之内的物。因此，当王阳明说"心外无物"的时候，就赋予了"物"以对象的含义。"物"是相对于主体而言的，构造了对主体而言具有现实意义的世界。

最后，让我们回到"岩中花树"的诘问中来。如前文所述，友人的诘问指向的是"花"的本然的存在，而王阳明的回答指向的是意义世界中存在的事物，即事物的对象性的存在。王阳明在这里揭示的是意义确立的问题：外在的事物只有在进入主体的价值系统之后，才具有意义。亦即对于"花"而言，"花的颜色一时明白起来"。只有在成为主体的欣赏对象时，花才具有了作为审美客体而存在的意义。否则，花只能是本然的自在的存在，

"自开自落"是"寂"，跟主体没有任何意义上的关联。王阳明在这里，通过心体建构出一个道德实践意义上的个体行为世界，主体的道德本性尤其重要。所以，在良知的本体确立之后，所有的行为都是良知发用的结果，这就是王阳明所希望确立的一个基于道德意义的世界。从这个角度来说，物和人的内在道德本性取得关联，从而形成一个道德的世界，才是最重要的。① 所以我一直认为，中国古人所关注的并非事物是否客观存在，② 而是事物是怎样存在的。而存在的意义或者说怎样存在，就涉及生活世界中的具体实践的意义。

在"心"的基础上构建起来的意义世界，并不是一个抽象的、想象的世界，而是一个需要安顿人的精神生命、实践人的价值理想的现实的、鲜活的世界，这就要求人们做一个知行合一的人。从中国古典哲学对实践的强调，对生活世界的重视来说，知行合一是中国古典哲学的基本精神价值所在。

从理论的角度来说，朱子对知行关系的理解是比较圆融的。朱子对知行问题的经典表述是："知、行常相须，如目无足不行，足无目不见。论先后，知为先；论轻重，行为重。"（《朱子语类》卷九）③ 这段表述主要包含三层意思：首先，知行是不能分离的。知行的关系就像眼睛和脚的关系，眼睛虽然能够看见，但是没有脚的话，就算看清了路也是没有办法行走的。在这个意义上，任何割裂知、行的做法都是错误的。其次，如果非要给知、行分个先后的话，那么知在先，行在后。只有在累积一定的知识之后，才有可能在现实中去实践。朱子所谓的"知"，大体上是从经验的知识角度来说的。最后，从知、行的重要性来说，行比知更为重要。

---

① 关于王阳明的"心外无物"说对于意义世界的建构，可以参见拙文：《意义世界的非理性主义建构——浅论王阳明的"心外无物"》（《社会科学》2000 年第 5 期）以及拙作《传习录十讲》的相关讨论。

② 我们不能据此认为，古人是否定事物的客观存在的。

③ ［宋］黎靖德编：《朱子语类》第 1 册，中华书局，1986，第 223 页。

但是，王阳明对朱子的这一表述提出激烈的批评意见，[①]并由此提出了他自己的知行合一理论。朱子在阐述知先行后的时候，事实上是从知重行轻的背景来说的。朱子的观点虽然有着严密的论证逻辑，但毕竟在知行之间分了一个先后，由此存在将知识隔离出来的危险。因此"知"在朱子这里，极有可能成为一个纯粹知识的问题。王阳明就清楚地认识到了这一点：

> 今偏举格物而遂谓之穷理。此所以专以穷理属知。而谓格物未常有行。非惟不得格物之旨，并穷理之义而失之矣。此后世之学所以析知行为先后两截，日以支离决裂，而圣学益以残晦者，其端实始于此。(《传习录》中，第一三七条)[②]

知先行后、格物穷理结合在一起，无疑会导致一个严重的后果，那就是知行的整体性、统一性事实上被截断了。所以，朱子一方面强调知行相须、知轻行重，一方面又具有以知为重的倾向，并将"知"当作知识性的知。如此一来，朱子关于知先行后的主张，必然导致知行在现实意义上被隔断。黄宗羲在《姚江学案》中指出：

> 先生悯宋儒之后学者，以知识为知，谓"人心之所有者不过明觉，而理为天地万物之所公共，故必穷尽天地万物之理，然后吾心之明觉与

---

① 王阳明认为，自春秋战国以来，中国的社会就面临着王道沦丧这样一个基本的社会事实，而到了他生活的年代，"功利之说日浸以盛，不复知有明德亲民之实。士皆巧文博词以饰诈，相规以伪，相轧以利，外冠裳而内禽兽，而犹或自以为从事于圣贤之学"。面对这样的社会事实，王阳明在《书林司训卷》中直言："吾为此惧，揭知行合一之说，订致知格物之谬，思有以正人心，息邪说，以求明先圣之学，庶几君子闻大道之要，小人蒙至治之泽。"从这个角度来说，知行合一具有极其重大的社会现实意义，它是王阳明从挽救世道人心的角度提出来的、具有针对性的一剂良药。用王阳明的话来说，就是用来"正人心，息邪说"的。而这个邪说，指的就是朱熹的学说。

② [明]王阳明：《王阳明全集》，第48页。

之浑合而无间"。说是无内外，其实全靠外来闻见以填补其灵明者也。先生以圣人之学，心学也。心即理也，故于致知格物之训，不得不言"致吾心良知之天理于事事物物，则事事物物皆得其理"。夫以知识为知，则轻浮而不实，故必以力行为功夫。良知感应神速，无有等待，本心之明即知，不欺本心之明即行也，不得不言"知行合一"。(《明儒学案》卷十《姚江学案》)①

黄宗羲认为，以朱子为代表的宋儒最大的问题在于"以知识为知"，把知限定在了知识性意义上，由此产生了"轻浮而不实"的严重后果。从这个角度来说，王阳明提出"知行合一"有着非常强烈的"正人心，息邪说"的救世意味。按照黄宗羲的说法，王阳明在知行问题上做了一个非常重要的转变，那就是以良知（道德本性）为知。在良知的意义上，知行合一是一个非常自然的结论。

知行合一②是阳明学中的一个重要观念。从历史的脉络来说，知行合一是阳明龙场悟道的结论之一。③据《王阳明年谱》记载："阳明谪居龙场，提学副使席书聘主贵阳书院。元山问朱陆异同之辨。阳明不语朱陆之学而告知以其所悟之知行合一。明日，元山复来，乃举知行本体，而谓：'朱陆异同，各有得失，无事辩诘。求之吾性，本自明也。'"(《王阳明年谱》正德四年)④阳明先生的弟子钱德洪在《刻文录序说》中明确指出："先生之学凡三变，其为教也，亦三变。少之时，驰骋于辞章，已而出入二氏。继乃居夷处困，豁然有得于圣贤之旨。是三变而至于道也。居贵阳时（1509），首与学者为知行合一之说；自滁阳后（1513），多教学者静坐；江右以来（1520），始单提致良知三字，直指本体，令学者言下有悟，是

---

① ［清］黄宗羲：《明儒学案》，中华书局，1985，第181—182页。
② 关于"知行合一"的内涵，可参见拙作《传习录十讲》。
③ 王阳明龙场悟道的结论有两个：一个是心即理，一个是知行合一。
④ ［明］王阳明：《王阳明全集》，第1229页。

教亦三变也。"① 钱德洪的这个说法，自然是比较尊重阳明先生为学变化的历史事实的。但是按照阳明先生的另一位高弟王龙溪对阳明先生思想历程的总结，知行合一说在良知说之后②。从龙场悟道开始直到晚年，阳明先生一直在诠释知行合一说。王龙溪把知行合一说置于良知说之后，是出于理论圆融的考虑。唯有在良知的基础上，才可以更好地、更圆融地理解知行合一。

从历史和思想的角度来看，阳明先生的知行合一具有不同的内涵指向。从历史的角度来说，知行合一更多是作为一种批判现实的武器而出现的，指向的是朱子的知行观念及其所产生的现实弊病；从思想的角度来说，知行合一更多的是一种价值的重建，即以良知为基础来重建社会价值系统。钱德洪更为关注的是阳明先生的知行合一所呈现出来的纠弊的功能，而王龙溪则更加注重知行合一所具有的建设性意义。从钱德洪和王龙溪对知行合一的不同阐释路径中，我们可以归纳出知行合一的两个重要特性——批判性和建构性。从完整理解知行合一的角度来说，这两个层面应统一起来。历史性的批判和思想性的建构虽然具有不同的意义——历史性的建构更加关注历史事实（现实），思想性的建构则更加关注思想的内在理路以及精神价值的重新建构，但二者是相辅相成的：没有批判的重建是不可靠的，而没有重建的批判是不彻底的。阳明先生的知行合一之所以具有如此大的影响力，就是因为其既是批判的，又是重建的，是在批判基础上的重建。

批判与重建既是阳明先生的知行合一的两个重要内涵，也是中国古典哲学的精神脉络所在。通过批判重新确立起主体行为的有效性，具有纠偏补弊的意义。而通过重建实现对现实生活世界的意义的再造，对于安顿人

---

①　[明] 王阳明：《王阳明全集》，第 1575 页。

②　按照王龙溪在《滁阳会语》中的说法，"为学三变"分别指泛滥于辞章、为晦翁格物穷理之学、老佛之学，经过此三变的结果是龙场悟道；教亦三变，第一阶段是静坐，第二阶段是动静合一，第三阶段是致良知。而知行合一则是被王龙溪放在致良知之后的。

心和生命具有十分重要的现实意义。以知行合一为和合哲学的实践观，不仅有利于我们重构现实生活世界的意义，还有助于我们重建古人和谐完满的、活泼泼的生命世界的本真状态。

第六节　天道、心性与生活世界：和合哲学的基本理路

内涵极其丰富的和合哲学，是和中国古人的生活世界、精神传统以及价值立场相一致，并存在于中国古典哲学传统之中的。我们能做的，无非是将它的脉络、内涵和意义揭示出来而已。

一般来说，在中国哲学尤其是在中国古典哲学中，"性与天道"的问题是一个永恒的话题，[①] 它不仅反映了形而上思辨的能力和旨趣，也涉及哲学理论最为基本的、普遍的架构，但仅仅从"性与天道"的角度来揭示、阐发中国古典哲学的内涵，并不是最贴切的。中国古典哲学（和合哲学）主要围绕三个层面的问题展开：天道、心性与生活世界。在具体的哲学探讨中，把生活世界这个维度掩盖掉无疑会产生两大弊端：从理论的角度来说，离开对于现实生活世界的观照，就无法构成一个完整圆融的哲学体系；从现实的角度来说，这样的哲学建构与古人生活的事实不相符合，而仅仅是一种纯粹理论的抽象。因此，和合哲学必然是天道、心性和生活世界三位一体、完整圆融的哲学系统。

天道、心性、生活世界三者在和合哲学系统中各自发挥什么样的作用呢？三者之间的逻辑理路是如何呈现的呢？首先，天道观是和合哲学的基础，也是和合哲学的本体论。天道观呈现出来的是一种"和"的状态，即阴阳二气之和。其次，心性是天道的具体展现，只有当"道"落实到人心的时候，所有传统的思想内涵、价值形态才有了载体。也正是在心性的意义上，我们古典哲学的真精神、特质才得以彰显，和合认识论、方法论、实践论才具有了鲜活的基础。最后，和合哲学是具有强烈的现实关怀的哲学，或者说是立足于人本身的哲学，这也是对中国古典哲学的基本判定。

---

① 张岱年：《论心性与天道——中国哲学中"性与天道"学说评析》，《河北大学学报（哲学社会科学版）》1994 年第 2 期。

生活世界是和合哲学的价值依托，正是在鲜活的生活世界中，和合哲学才能真正关注人的生命和精神价值。如果要进一步区分三者的话，天道是和合本体论，心性是和合实践论（包含认识论和方法论），而生活世界是和合价值论（意义世界的建构）。

张立文先生曾经对"和合学"作出精彩论述："和合学视域内的实性，不是传统意义上的实体性，而是和合意义世界的充实性，意义的充实又是意义随和合创造而又无限生成的过程，实性只能在生生不息的价值创造中不断呈现出其和合真容。既然是无限的意义生成过程，和合实性永远处于进行状态中，不可能进入过去形态或完成形态。"① 张先生对"生生不息"的生成过程的强调，恰恰是中国古典哲学的精髓所在。这种生命力和创造性就是生活世界的基本内涵。在中国古人看来，生活世界是大化流行、生生不息的，因此在中国古典哲学语境中谈论天道、心性，都不是抽象的言说，而是落实到了现实生活世界中，中国古典哲学由此具有了生命力和创造力。

从天道、心性、生活世界三个层面对和合哲学进行阐释，用生活世界的真实性、丰富性、鲜活性来保证和合哲学的现实性和有效性，使和合哲学始终保持良性发展的势头，并由此呈现出"二气交感，化生万物，万物生生，而变化无穷焉"（《太极图说》）② 的状态。

---

① 张立文：《和合哲学论》，第 85 页。
② ［宋］周敦颐：《周敦颐集》，中华书局，1990，第 4—5 页。

第四讲　作为一种思维方式的和合

　　一般来说，所谓的思维方式，就是人们思考问题的方法，它可以直接决定人的行为方式。对于一种哲学形态来说，思维方式就是其内在逻辑。思维方式作为一种思考问题的方法，和人的经验生活密切相关，或者说它就是人在经验生活中逐渐形成的一种思考和看待问题的方式。哲学形态不仅是人在反思经验生活的基础上形成的思想系统，而且是对经验生活中最为根本的、基础性的问题的回答。不同的哲学形态具有不同的思维方式，但不同的思维方式并不一定会产生不同的哲学。

　　中西方哲学是两种不同的哲学形态，具有两种不同的思维方式。一般来说，西方传统更加重视逻辑思维（分析性），擅长把部分从整体中抽离出来，然后做细致入微的分析，现代科学的思维方式大概就是这么产生的。中国传统更加注重辩证性的、整体性的思维，整体和谐或者折中是其思考问题的基本方式。

　　和合是一种思维方式，也是一种思考问题的方法。如果说和合哲学在中国思想史上是成立的，那么，其得以成立的一个重要基础就是和合的思维方式。

第一节　和而不同：和合思维方式的基本原则

这里之所以将"和而不同"作为和合思维方式的基本原则，是为了在最广泛的历史维度、最丰富的文献依据上，确立"和而不同"这一原则对于中国古人的生活和观念的重要意义。

从"和"与"同"的字形和本义来看，两字在《说文解字》中都属于"口"部，其本义都与"口"发声这个行为相关。若进一步区分的话，"和"讲的是"应和"，也就是声音先后相应和，形成有节奏的乐曲；"同"讲的是"合会"，也就是声音聚集在一起，形成统一的口号。前者如音乐，重在呼应、节奏；后者如口号、劳动号子，重在统一、气势。在先秦文献中，两字的差异并不是特别大。如《礼记·月令》说"天地和同"，《尚书·周官》说"和上下"，《周易·乾卦》说"同声相应，同气相求"等。这就表明先秦时期，人们在使用两字的时候，并没有刻意对它们作出区分。从这个角度来说，"和"与"同"最初都是描述声音关系的词，并不存在本质上的差别。但是，随着词义的细化和使用场合的变化，"和"与"同"逐渐分化成两个具有固定内涵的、差异性明显的概念。整体而言，二者的分化是以对"和"的功能、效果、价值的强化，同时对"同"的功能、效果、价值的消解（弱化）为基本方式的。这个过程大致可以划分为三个阶段。

史伯是最早对"和"与"同"作出区分的人。史伯认为："今王弃高明昭显，而好谗慝暗昧；恶角犀丰盈，而近顽童穷固。去和而取同。夫和实生物，同则不继。以他平他谓之和，故能丰长而物归之；若以同裨同，尽乃弃矣。故先王以土与金木水火杂，以成百物，是以和五味以调口，刚四支以卫体，和六律以聪耳，正七体以役心，平八索以成人，建九纪以立纯德，合十数以训百体。出千品，具万方，计亿事，材兆物，收经入，行姟极。故王者居九畡之田，收经入以食兆民，周训而能用之，和乐如一。夫如是，和之至也。于是乎先王聘后于异姓，求财于有方，择臣取谏工而讲以多物，务和同也。声一无听，物一无文，味一无果，物一不讲。王将弃是类也而与专同，天夺之明，欲无弊，得乎？"①史伯的这段表述共包含四层意思：第一，"和"与"同"是两个不同的概念，"和"是"以他平他"，"同"是"以同裨同"。简言之，"和"与"同"是两种处理不同事物之间关系的方法，"和"的方式就是以他（一种事物）平他（另外一种事物），即在不同事物之间寻求平衡的状态；"同"的方式就是找到并关注不同事物之间的相同层面。第二，"和"与"同"的功能不同，"和实生物，同则不继"，即"和"可以使不同事物之间保持动态平衡，从而实现生生不息，而一味强调"同"，则会使事物丧失生机和活力，最终归于灭亡。第三，"和"与"同"具有不同的价值。无论是在婚姻、礼乐方面，还是在政治统治方面，"和"的价值都是不可忽视的。万物如果完全相同，则无法发展、继续，此即所谓的"声一无听，物一无文，味一无果，物一不讲"。从这个角度来说，"和"与"同"的价值意义有了分梳——"和"的价值不断被抬升，而"同"的价值则不断被贬斥。第四，史伯由此得出结论，人们应该"务和同"而"拒专同"。

晏婴在史伯的基础上，进一步强化了"和""同"的功能、价值区分所具有的政治意义。在与齐景公探讨"和与同异乎"这一问题时，晏婴提出："和如羹焉，水、火、醯、醢、盐、梅，以烹鱼肉，燀之以薪，宰夫和之，齐之以味，济其不及，以泄其过。君子食之，以平其心。君臣亦然，君所谓可而有否焉，臣献其否以成其可；君所谓否而有可焉，臣献其可以去其否，是以政平而不干，民无争心。故诗曰：'亦有和羹，既戒既平。鬷假无言，时靡有争。'先王之济五味、和五声也，以平其心，成其政也。声亦如味，一气，二体，三类，四物，五声，六律，七音，八风，九歌，以相成也；清浊、大小、长短、疾徐、哀乐、刚柔、迟速、高下、出入、周疏，

---

① 徐元诰：《国语集解》，第470—473页。

以相济也。君子听之，以平其心。心平，德和。"①晏子这段表述中有两点值得注意。第一，晏婴使用和羹与和声这两个例子来说明"和"的重要性，充分表明"和"在百姓的日常生活中具有强大的基础。第二，"心平，德和"的提出，表明晏婴对"和"的理解已经开始深入心性和道德的层面，这对后世学者理解"和"的观念具有非常重要的转折性意义。

在史伯和晏婴相关论说的基础上，孔子提出了"和而不同"这一处理"和""同"关系的基本原则，即"君子和而不同，小人同而不和"（《论语·子路》）。孔子这一处理"和""同"关系的基本原则，直接继承自晏婴对"德和"的强调。在孔子的思想系统中，小人与君子的区分主要是一种道德意义上的区分。朱熹在解释"和"与"同"时提出："和者，无乖戾之心。同者，有阿比之意。"②在朱熹看来，"无乖戾之心"就是"和"，而元代陈天祥质疑道："和则固无乖戾之心，只以无乖戾之心为和，恐亦未尽。若无中正之气，专以无乖戾为心，亦与阿比之意相邻。和与同未易辨也，中正而无乖戾然后为和，凡在君父之侧，师长朋友之间，将顺其美、匡救其恶，可者献之，否者替之，结者解之，离者合之，此君子之和也。而或巧媚阴柔，随时俯仰，人曰可己亦曰可，人曰否己亦曰否，惟言莫违，无唱不和，此小人之同也。晏子辨梁丘据非和，以为君所谓可而有否焉，臣献其否以成其可；君所谓否而有可焉，臣献其可以去其否。是以政平而不干，民无争心。今据不然，君所谓可，据亦曰可；君所谓否，据亦曰否。据亦同也，焉得为和？此论辨析甚明，宜引以证此章之义。"③陈天祥主要是从人际关系的角度讨论"君子之和""小人之同"的。自孔子之后，儒家后学对于"和""同"的论说大都采取了以道德为中心的价值立场。

由"和""同"的历史演进脉络不难看出，"和而不同"作为一个结论

---

① 杨伯峻编著：《春秋左传注》，第 1419—1420 页。
② ［宋］朱熹：《四书章句集注》，第 147 页。
③ 陈天祥：《四书辨疑》卷七《子路第十三》，《钦定四库全书》经部第八。

（或者说基本原则）的提出，是自然而然的结果。由"和""同"之相近无分，到两者功能的差异，再到价值的差别，是"和"的价值不断被抬升、"同"的价值不断被贬斥的过程。"和而不同"对于我们的行为方式又有哪些重要的启发意义呢？

首先，处理人与人之间的关系时，应着重强调"和"，而不是"同"。"和"强调的是在各自相对独立（独立的身份、独立的立场、独立的观念等）的基础上，达到和谐相处的状态。简单来说，就是和而不排异，和而不苟同。

其次，"和"就是"无乖戾之心"，它体现的是一种发自内心的、对他者尊重的情感立场；而"同"则是"阿比之意"，是出于某种利益的考量而采取的一种特殊行为方式。从这个角度来说，"和"是一种道德价值的立场，而"同"则是一种利益导向的行为选择。

最后，"和而不同"这一基本原则，主要是在现实生活中发挥其积极作用的。作为一种行为原则，"和而不同"体现的是价值和利益统一、兼顾的基本立场。作为一种价值立场，"和而不同"强调的是对个体价值、特点的尊重。无论是从道德角度还是从社会政治角度来分析，"和而不同"体现出来的都是对于他者的尊重，并不会损害自身的利益。对于不同的行为主体来说，只有在相互尊重的前提下，各方才能获得最大的利益。

第二节 "一而二"和"二而一":和合思维的具体表现

通俗来说,"一而二"就是一分为二,它是中国古典哲学史上的一种重要思维方式。自唯物辩证法在中国社会广泛传播以来,这一思维方式越来越流行。无论是从中国古典哲学(或者说和合哲学)的角度来说,还是从经典文本的角度来说,"一而二"都有着极为丰富的内涵。

从经典文本的角度来说,"一而二"最早见于《老子》所谓的"道生一,一生二,二生三,三生万物"。① 《系辞上传》中也有类似的表达,"是故易有太极,是生两仪,两仪生四象,四象生八卦"。这两段话探讨的都是天地万物的起源,其中《老子》所谓的"道生一,一生二,二生三",是对宇宙生发过程的一个模式化表述。元代吴澄在《老子注》中释曰:"道自无中生出冲虚之一气,冲虚一气生阳生阴,分而为二,阴阳二气,合冲一气为三,故曰'生三',非二与一之外别有三也。万物皆三者而生。"② 北宋邵雍在《皇极经世·观物外篇中之上》中指出:"太极既分,两仪立矣。阳下交于阴,阴上交于阳,四象生矣。阳交于阴,阴交于阳,而生天之四象;刚交于柔,柔交于刚,而生地之四象。于是八卦成矣。八卦相错,然后万物生焉。是故一分为二,二分为四,四分为八,八分为十六,十六分为三十二,三十二分为六十四。"③ 在这里,邵雍提出了"一分为二"的主张。朱子在解释《易传》的时候,也采用了邵雍"一分为二"的说法。④ 从学理的角

---

① [魏] 王弼注,楼宇烈校释:《老子道德经注校释》,第 117 页。
② 吴澄注:《道德真经吴澄注》,华东师范大学出版社,2010,第 62 页。
③ [宋] 邵雍:《邵雍集》,中华书局,2010,第 107—108 页。
④ [宋] 朱熹:《易学启蒙》,载 [清] 李光地:《御纂周易折中》,2011,中央编译出版社,第 990—997 页。

度来说，《老子》的描述与《易传》的描述是存在显著差异的。[①] 从思维方式的角度来说，二者的差别并不是很大，无论是"生"还是"分"，都明确了"一"之中可以产生或者包含"二"，甚至是"二"以上的成分。[②] 由此可见，"一"并不是固定不变的、纯粹的，而是包含着极为复杂和丰富的内涵，具有多样性的特征。

从看待或处理事物、问题的角度来说，"一而二"至少包含三个方面的意义。第一，受时间、经验、见识等的限制，人们在看待事情、处理问题的时候，往往只关注事物、问题的表层因素，而忽略了现象或问题背后所蕴含的深层含义。这就意味着，我们唯有深挖问题或现象背后的深层次原因，方能作出相对可靠的判断。第二，不要把事情或者问题固定化、简单化。任何事物或者问题都不是静止不动的，而是始终处在一个动态变化的过程中，唯有用动态的眼光来看待并解决问题，才是合理的、有效的。第三，在对某件事情、某个问题的各个方面作出客观准确的判断之前，我们应该平和地、平等地对待、看待事情、问题的每一个层面。

如果说"一而二"意味着从一个现象延伸出多个层面，那么，"二而一"就意味着找出众多现象中的统一性。把握复杂现象背后的统一性，就是解决问题的关键。我们从理学家们经常谈及的"理一分殊"[③]的角度，来讨论

---

① 庞朴先生就对两者进行了精要的区分："老子所说的'生'，是化生，不是派生；是蛋生鸡式的生，不是鸡生蛋式的生"，"至于易传所说的'生'，则是分生，分裂自己而生新；太极生两仪就是分为两仪，两仪生四象就是分为四象，是一种剖瓜式的生。这种'生'，与其叫作生，毋宁叫作'分'"。参见庞朴：《"一分为二"说》，《开放时代》2000年第9期。

② 参见庞朴：《浅说一分为三》，新华出版社，2004。

③ "理一分殊"问题是理学的重点问题，从思想史溯源的角度来说，孔子的"一贯"之说，是"理一分殊"问题的最早渊源。但在理学的系统中，"理一分殊"是程颐在回答杨时对张载《西铭》的疑问时提出的命题。

"二而一"的问题。① 朱子对于"理一分殊"的理解是：

> 圣人未尝言理一，多只言分殊。盖能于分殊中，事事物物，头头项项，理会得其当然，然后方知理本一贯。不知万殊各有一理，而徒言理一，不知理一在何处。圣人千言万语教人，学者终身从事，只是理会这个。要得事事物物，头头件件，各知其所当然，而得其所当然，只此便是理一矣。②

"理一分殊"是朱熹论述理与万物的关系时，提出的一个重要命题。在朱熹看来，只有当人们把经验世界、经验生活中的每一个具体事物的理都弄清楚之后，才能对它们背后那个本来一致的理有深切的体会。明白纷繁复杂的现象背后所蕴含的理是一致的这个道理，对我们的思维方式有着重要的启发意义。首先，我们不能脱离经验世界、经验生活中的事事物物去孤立地研究理论，我们的理论研究若是太过抽象化，离生活世界本身太远，就会失去其应有的生命力。其次，我们应从整体上去把握某类事物，找到它们背后共同的理，然后用这个理去统摄其他事物，从而做到以简驭繁、举重若轻。

综上所述，和合思维包括四个层面的内容：首先，和合思维是一种整体性的思维。无论是从"一"出发还是从"二"出发，和合思维强调的都

---

① 传统理学家十分注重从经验的、现象的世界中，抽绎出那个"理"。当"理一分殊"与"一本万殊"联系在一起之后，就更适合用来描述"一而二"了。清儒陆世仪明确指出："沈孝恭问：'理一分殊，即一本万殊否？'曰：'不同。一本万殊，犹言有一本，然后有万殊，是一串说下；理一分殊，犹言理虽一而分则殊，是分别说开。譬之于水，一本万殊者，如黄河之水出于一源，而分出千条万派，皆河水也；理一分殊者，如止是一个水，而江河湖海各自不同也。又譬之树，一本万殊者，如庭前之梅只有一根，而长出千枝万叶，皆此根也；理一分殊者，如同是一梅而千叶，单叶绿萼红葩各自不同也。从此处体认，自然有得。'"参见 [清] 陆世仪：《思辨录辑要》卷 28，商务印书馆，1959。

② [宋] 黎靖德编：《朱子语类》第 2 册，第 677—678 页。

是对于事物、现象、问题的全面把握、整体了解。其次，和合思维是一种动态的思维。"动态思维"强调万事万物都处在动态的平衡中，唯有用动态的眼光，才能客观准确地认识事物，妥善地处理问题。再次，和合思维是一种关系思维。"关系思维"就是将事物、现象和问题放在相互关联的情境中进行考察，而非孤立地考察它们。最后，和合思维是一种平等的思维。这里的"平等"，指的是思考问题的角度，即将认知对象视作与自我平等的存在，而不是将其作为一种纯粹的对象性、客体性的存在。

第三节　过程与中庸：和合思维的实质

在中国传统社会中，"时"作为最重要的一个概念，对中国古人的思想观念、行为方式都有着直接而重要的影响。英国学者李约瑟曾说过："中国文化的永恒哲学，是一接受时间实在性和重要性的有机自然主义。……不论在时间中发生什么事，无论是兴盛还是衰败，对于中国人的心灵而言，时间总是真实的。"[①]

讨论中国古典哲学中的时间问题，离不开《周易》这一极为重要的文本。《周易》以六爻来表示卦象，不同的爻位代表不同的时间阶段。从这个角度来说，《周易》其实是"关于时间的哲学"。关于这个问题，方东美先生说得很清楚：

> 中国人之时间观念，莫或违乎《易》，《系辞传》曰："易与天地准，故能弥纶天地之道"……《易》之卦文，存时以适变，《易》之精义，趋时而应变者也……趣时以言《易》，《易》之妙可极于"穷则变，变则通，通则久"之一义。时间之真性寓诸变，时间之条理会于通，时间之效能存乎久。生化无已，行健不息谓之变。变之为言革也，革也者，丧故取新也。转运无穷，往来相接为之通。通之为言交也，交也者，绵延赓续也。丧而复得，存存不消，谓之久。久之为言积也，积也者，更迭恒益也。时之化行于渐而消于顷，其成也，毁也，故穷。穷而能革，则屈往以信来，"刚健而不陷，其义不困穷"，"盖言天地之化不已也"。时之遁，

　　① 李约瑟于 1964 年在英国皇家人类学研究所（Royal Anthropological Institute）担任亨利·梅尔讲座（Henry Myers Lecture）主讲时，发表了《时间和东方人》一文，从哲学、历史、科技、生物学、社会演化、天文学等层面分析中国人的时间观。见 Joseph Needham，"Time and Eastern Man"，*The Grand Titration Science and Society in East and West*，London：George Allen & Unwin LTD，1969），pp. 218–219。

隐于退而趋于进，其分也成也，故亢，亢而欲得，则藏往以彰来，变更往复，通而为一，"其生生而条理乎"。时之运，资于亡而系于存，其衰也得，故恒，恒而能久，则前者未尝终，后者已资始，后先相继，至于无极，"范围天地而不过，曲成万物而不遗"，"引而申之，触类而长之，天下之能事毕矣"。①

方东美先生提出，中国人的时间观念始于《周易》，时间具有三大显著特征，分别是"时间之真性寓诸变，时间之条理会于通，时间之效能存乎久"。这句话包含两层意思：首先，时间是一个表达变化的观念，这是时间最为本质的特征。从经验的现象来说，我们对变化的感知，直接源于对时间流逝的感慨，如孔子曾发出感慨"逝者如斯夫，不舍昼夜"。时间流逝所带来的生命事实的改变，造就了生活世界的多样性。所以，贝恩斯（Cary F. Baynes）将卫礼贤（Richard Wilhelm）的德文版《易经》译成英文版时，将书名译为 *The Book of Changes*（《变化之书》）。其次，所有的顺时而动，都是为了达到"通"这一目的。最后，变化带来的最终结果就是长久。《周易·系辞传下》曰："穷则变，变则通，通则久。"②在时间的永恒变迁之中，我们通过调整自身的行为，以求达到"终日乾乾，与时偕行"的最终目的。

《周易·系辞传下》曰："《易》之为书也，原始要终，以为质也。六爻相杂，唯其时物也。"③《周易》作者对"时"的特殊关照和理解，不仅映射了中国古人对于宇宙直观、感性的观察方式，也影响到后世学者尤其是儒家的价值体系。孟子称孔子为"圣之时者"，《易经》对"大人"的解释是"夫大人者，与天地合其德，与日月合其明，与四时合其序，与鬼神合其吉凶；先天而天弗违，后天而奉天时"。④"时"有一个与天地、阴阳、四时、

---

① 方东美：《生生之美》，北京大学出版社，2009，第208—209页。
② ［宋］朱熹撰，苏勇校注：《周易本义》，第153页。
③ ［宋］朱熹撰，苏勇校注：《周易本义》，第159页。
④ ［宋］朱熹撰，苏勇校注：《周易本义》，第166页。

鬼神相呼应的广阔境界，那就是天命（或者说天时）。天命所规定的行为方式，就是"中庸"。从"时"的角度来看，什么样的行为才是合乎中庸的呢？《中庸》指出："君子之中庸也，君子而时中；小人之中庸也，小人而无忌惮。"[1] 这里，"时中"是与"无忌惮"对举的。关于"无忌惮"，孔子给出的解释是："君子有三畏：天命、大人和圣人之言，而小人无所忌惮。"[2] 据此可知，"小人无忌惮"指的是小人因不知天命而无所畏忌，"时中"指的是君子因敬畏天命而遵循天命而行。宇宙中的各个因素都会随着时间的推移而此消彼长，而人生于宇宙之中，终其一生都会被置于一定的大宇宙的社会"时遇"之下，陷于"时遇"的桎梏之中，"时"由此成为人必须遵循敬畏的对象，随时而动，合于天地，成为君子所追求的"时中"。因此，所谓的"中庸"，就是循时而动，以合时宜，也就是"时中"。正是在"时中"的意义上，儒家通过将个体的道德行为置于生命过程之中，从而获得了对有限的经验、生命的超越。而个体自身的行为与宇宙的大化流行相符合，也就是与"道"相一致。

综上所述，本节所强调的和合思维，具有整体性、动态性、关系性、平等性四大显著特征，具体指人们在正确遵从与把握"时"的基础上，采取恰当有效的行为方式。从这个意义上来说，和合思维就是"中庸"思维，就是在时间中呈现出恰当的行为方式，而不是一种固定不变的教条。

---

① ［宋］朱熹：《四书章句集注》，第 18 页。
② ［宋］朱熹：《四书章句集注》，第 172 页。

第五讲　作为一种信仰形式的和合

　　传统中国社会的信仰（或者说宗教）问题非常复杂，其复杂性主要来源于两个方面：一个是现实的，一个是理论的。从现实的角度来说，传统中国向近代社会的转型是在西方炮舰的逼迫下开始的，伴随着西方炮舰而来的，还有西洋宗教，因此近代中国人对宗教有着极为复杂的心理，导致社会上出现了两种对立的观念——中国社会有宗教与中国社会没有宗教。从理论的角度来说，中国宗教的研究范式是借鉴自西洋宗教的，尤其是马克斯·韦伯所确立的宗教研究范式，对早期中国宗教的相关研究造成了深远的影响。马克斯·韦伯在《中国的宗教：儒教与道教》中提出"中国社会无宗教"说。杨庆堃先生在《中国社会中的宗教——宗教的现代社会功能及其历史因素之研究》中，对中国宗教的社会地位、近现代学者关于"中国社会非宗教"的主张提出了自己的见解：

　　　　在欧洲、印度和中国这世界三大文明系统中，惟有中国宗教在社会中的地位最为模糊。由于事实上存在着各种矛盾的因素，宗教在中国社会中的地位始终是一个争论不休的话题。当我们在民间观察民众的宗教生活时，看到那些大量存在的巫术和神秘信仰活动，极易受到震撼；普通人精神中有关宇宙的认知——事实上，是人的整个生命模式——受到冥冥中的神明、鬼、灵魂世界的浓重渲染。再者，在很大程度上，这种信仰和仪式表面看没有明显的伦理意涵。正因如此，如果一个人经历过高级的伦理宗教生活，他会很自然地将中国人看作一群迷信的人。那些来华的西方传教士首先发现了这种与西方基督教信仰迥异的情形，并因此将之作为传播福音的最令人信服的正当理由。中国人的信仰是迷信的观点在西方非常普遍，并已经流行了一个多世纪。①

　　　　近现代中国学者有关中国社会非宗教的看法，部分地是对全球世俗化潮流的响应。现代欧洲崛起于反对中世纪宗教的暴力之中。科学给予

---

① ［美］杨庆堃：《中国社会中的宗教》，范丽珠等译，上海人民出版社，2007，第21页。

人类迄今为止最强有力的武器，是帮助人们探索自然的奥秘，获得并非梦想的、看得见摸得着的实惠。理智地讲，这是一个以挑战和蔑视的方式来动摇宗教地位的理性化的时代。对于已经追随西方文化高扬科学旗帜的现代中国知识分子来说，把握时代的精神，避开宗教的论题是很自然的。而有关中国社会"非宗教"与"理性化"的假设，中国知识分子或许还有更强的动机，因为面对西方世界政治上和经济上的优势，唯有通过强调中华文明的强大，才能满足他们的心理需要。①

胡适先生亦提出：

> 中国是个没有宗教的国家，中国人是个不迷信宗教的民族——这是近年来几个学者的结论。有些人听了很洋洋得意，因为他们觉得不迷信宗教是一件光荣的事。有些人听了要做愁眉苦脸，因为他们觉得一个民族没有宗教是要堕落的。
>
> 于今好了，得意的也不可太得意了，懊恼的也不必懊恼了。因为我们新发现中国不是没有宗教的：我们中国有一个很伟大的宗教……提起此教，大大有名，他就叫作"名教"。②

近代以来，中国宗教的特殊性在近代化的背景下被掩盖（或者说消解）掉了。杨庆堃先生认为："低估宗教在中国社会中的地位，实际上是有悖于历史事实的。在中国广袤的土地上，几乎每个角落都有寺院、祠堂、神坛和拜神的地方。寺院、神坛散落各处，比比皆是，表明宗教在中国社会强大的、无所不在的影响力，它们是一个社会现实的象征。"③我也反复强调，

---

① ［美］杨庆堃：《中国社会中的宗教》，第 24 页。
② 胡适：《名教》，载氏著：《胡适文集》第四册，第 51 页。
③ ［美］杨庆堃：《中国社会中的宗教》，第 24 页。

中国传统社会有着最丰富的神灵系统，有着最普遍的信仰场所，因此说中国传统社会没有宗教是根本站不住脚的。只是中国宗教的存在形式、特征与西洋宗教之间存在着很大的差别，需要我们从学理上仔细加以分梳。

中国传统社会的宗教信仰是非常普遍的，它和中国民众的日常生活密切相关，是与中国民众的精神需求相适应的一种宗教信仰形态（或者说宗教信仰生态）。

和合信仰是中国传统社会生活中非常具有代表性的一种信仰形式，充分体现了中国民众对信仰的基本立场和行为方式。

第一节　中国民众的信仰心理与和合神的产生

很多学者都认为，"功利性"是民间信仰的一个重要特征。[①]这一认识在很大程度上与韦伯对中国宗教信仰的判断密切相关。在韦伯看来，中国人没有宗教信仰，一切信仰的动机只源于实用主义或者功利主义。[②]韦伯同时强调，工具理性（或者说功效理性）是指行动只由追求功利的动机所驱使，行动借助理性达到自己需要的预期目的，行动者纯粹从效果最大化的角度考虑，而漠视人的情感和精神价值。[③]

在我看来，实用性和功利性是民众信仰某个宗教的重要因素，尤其是在多元信仰共存的中国传统社会中，[④]实用性和功利性是民众选择信仰的一种普遍心理。民众选择信仰某一种超越于自我的对象，实际上是源于人类自身的渺小和现实生活的不可知性、未知性。为了应对超自然的神秘力量，获得现实生活中的安全感，民众选择信仰某位神灵。换言之，信仰源于人类对于自身存在和周围环境的不安全感。林国平先生认为："神是人创造出来的，但人在创造神的同时，又赋予了神以超自然的力量，反过来却又拜倒在神的脚下，成为自己一手创造出来的神的奴仆。那么，人为什么要把一个又一个神创造出来，并心甘情愿地拜倒在它们的脚下呢？原因并不复杂，因为古人生产力水平低下，科学文化知识贫乏，他们在自然力和社会压迫下，感到恐惧，感到无能为力，难以与大自然和社会压迫的强大力量

---

① 乌丙安先生的《中国民间信仰》（上海人民出版社，1996）把民间信仰的特征归纳为多样性、多功利性和多神秘性等。林国平、彭文宇两位先生的《福建民间信仰》（福建人民出版社，1993）把民间信仰的特性归纳为功能性与实用功利性、多神教与融合性、区域性与宗族性等。

② ［德］马克斯·韦伯：《儒教与道教》，人民日报出版社，2007，第112—115页。

③ ［德］马克斯·韦伯：《新教伦理与资本主义精神》，中国社会科学出版社，2009，第62页。

④ 在一神论和多神论的不同文化背景下，人们对于信仰对象的选择以及人们的信仰行为方式，都有着较大的差异。

抗争，因此，幻想借助于超自然力量来消除恐惧，摆脱困境，实现依靠自己的力量难以实现的目的。古今中外，任何神灵都具有能满足信徒某种或几种需要的职能，否则就不存在对它的信仰和崇拜了。"① 由此可见，对安全感的需求塑造了神灵，不断产生的神灵从功利的角度对民众的生活进行了"补偿"。马克思在《〈黑格尔法哲学批判〉导言》中明确指出："正在遭受现实苦难的人们在宗教所给予的虚幻幸福感中获得了满足与慰藉；劳苦大众在经济、政治上无比匮乏，而宗教使他们获得了心理、精神上的补偿。"

在传统社会，统治者制定了严苛的驭民政策，对民众进行残酷的剥削和压榨，民众内心充满了痛苦和不安全感，只好将对美好生活的渴望寄托在神灵的身上，崇拜神灵由此成为一种普遍的行为。②

关于和合神的产生过程，崔小敬教授进行过详细考察。③ 我基本上认同崔小敬教授对于和合神的起源、演化、信仰的论述，但可惜的是，其对于早期和合神的演变理路的考察不够明晰。在我看来，和合神的演变大致经过了三个阶段——祭神仪式中的"和合"意象、泛指的和合神、固定化的和合神。

崔小敬教授指出，和合神的起源与傩戏（或者说古代戏剧）有关："一方面，和合神的出现与驱邪逐疫的傩仪及戏剧表演有关；另一方面，和合神与喜神（戏神）有着密不可分的内在联系。"④ 因此可以说，艺术与宗教是诞生于原始巫术的一对孪生姐妹。此外，崔小敬教授还注意到《三教源流搜神大全》中的"田元帅"。闽剧、莆仙戏、梨园戏、四平戏、闽西汉剧、潮剧

---

① 林国平、彭文宇：《福建民间信仰》，第 16 页。

② 浙江一带的民间信仰形式十分丰富。在传统社会，"一村一庙"是最基本的宗教信仰生态，有的村落则有三四座庙。这些村庙是村民信仰生活的基本场所。改革开放以来，在市场经济和城市化发展的冲击下，这种状况虽然有所改变，但是总体的丰富性还是得到了保存。参见曾传辉：《关于浙江省台州市民间信仰现状和管理的调查报告》，《2006 年社科院宗教所浙江宗教国情调研台州组报告集》。

③ 崔小敬：《和合神考论》，《世界宗教研究》2008 年第 1 期。

④ 崔小敬：《和合神考论》，《世界宗教研究》2008 年第 1 期。

等均尊奉三田都元帅为戏神。三田都元帅与西秦王爷，均是音乐界、戏剧界的保护神。据《三教源流搜神大全》载：

　　帅兄弟三人，长兄田苟留，二兄田洪义，帅田智彪。义父讳镕；母姓习，讳春喜，乃太平国土人氏。唐玄宗善音律，开元时，帅龙虎榜中探花，遂承诏乐师，典音律，犹善于歌舞。鼓一击而桃李甲，笛一弄而响遏流云，韵一唱而红梅破绽，蓁一调而庶明风起。以教花奴、玉奴，尽善歌舞。后侍御宴以酣，贵妃墨涂其面，令其歌舞，不知所出。复缘帝母感恙，瞑目间，则帅三人翩然歌舞，鼓箫交竞，琵弦索手。已而神爽形怡，汗焉而醒，其疴起矣。帝悦，有"海棠春醒，高烛照红"之句，而封之侯爵。至汉天师因治龙宫海藏，疫鬼倡佯，作法治之不得，乃请教于帅。帅作神舟，统百万儿郎，为鼓竞夺锦之戏，京中谑噪，疫鬼出观，助天师法断而送之，疫患尽销。至今正月有遣俗焉。天师见其神异，故立法差以佐玄坛，敕和合二仙助显道法。无和以不合，无颐恙不解。天师保奏唐明皇帝，封冲天风火院田太尉昭烈侯、田二尉昭佑侯、田三尉昭宁侯。义父嘉济侯，母习氏县君，龙口将军相随奉印，乌哥白弟二将列两旁，二伯二母为主帅，郑伯郑母在两边，金花银花梅花三小姐，风花雨花胜会三少娘，陈林二将分左右，驾前周何二总管，三位太尉窦、郭、贺，和事老人免是非，都和合潘元帅，天和合梓元帅，地和合柳元帅，天地和合大喜迎，斗中杨、耿二仙使，何公三事九承士，送梦报梦孙使喜，刘门刘氏刘师爷，十莲桥上下、棚上棚下欢喜耍笑歌舞红娘粉郎圣众，铁板桥、洛阳府、长安都三部儿郎百万圣众云云。①

"和合二仙""无和以不合""和事老人""都和合潘元帅""天和合梓元帅""地和合柳元帅""天地和合"等称谓，都与"和合"相关。"实际上，

---

① 叶德辉编：《绘图三教源流搜神大全》，上海古籍出版社，1990，第241—243页。

'喜神'就是戏神，也就是和合神，三者是三位一体的关系，名称虽有变化，所指虽有差异，但其原始功能都是通过仪式性表演达到驱邪祈祥的和合境界。"① "寻绎和合神与傩戏的关系，不仅发掘出了和合神最古老的根源，而且恰好可以解释这一类神祇的命名依据及特征，不管是傩仪还是戏剧，其本意正在于通过特定的仪式与表演，驱除邪恶，招致吉祥，最终达到天地人神的和谐好合，而以'和合'冠名正是暗示和强调这一类神灵协和鬼神万物的神圣功能。"② 在这里，崔小敬教授将和合神的产生过程分为两个阶段：祭祀的仪式（戏剧）和神灵的命名。

首先，和合是傩戏的本质特征。徐宏图先生认为："所谓傩戏，是指在傩祭、傩舞的基础上衍化而成的一种祭祀性宗教仪式剧，其主要特征是套戴神灵面具或涂脸表演，既具驱凶纳吉的祭祀功能，又具歌舞戏剧的娱乐功能，因而它和傩祭、傩舞密不可分。从广义上说，大凡在祭祀仪式中演出的各种酬神戏、丧戏、愿戏、平安戏等均可包含在内。"③ 傩戏本质上是一种宗教祭祀戏剧，以娱神为最终目的。随着文明不断发展，傩戏的最终目的由娱神转变为娱人。王国维先生在《宋元戏曲史》中提出"后世之戏剧，当自巫、优二者出"的主张："是则灵（即巫）之为职，或偃蹇以象神，或婆娑以乐神，盖后世戏剧之萌芽，已有存焉者矣。巫觋之兴，虽在上皇之世，然俳优则远在其后。……要之，巫与优之别：巫以乐神，而优以乐人；巫以歌舞为主，而优以调谑为主，巫以女为之，而优以男为之。"④ 无论是娱神还是娱人，"娱"都是最关键的要素。这里的"娱"，指的是快乐安详、和谐美满的氛围。从这个意义上来说，和合是傩戏的本质和最显著特征，而这也成为后世将和合神视为戏神或喜神的根据所在。民间戏剧、舞蹈中，

① 崔小敬：《和合神考论》，《世界宗教研究》2008 年第 1 期。
② 崔小敬：《和合神考论》，《世界宗教研究》2008 年第 1 期。
③ 徐宏图：《傩戏的起源、流向及其在浙江的遗踪：吴越傩戏文化初探》，《中华戏曲》1996 年第 1 期。
④ 王国维：《宋元戏曲史》，上海古籍出版社，1998，第 3—4 页。

也出现了"跳和合""舞和合"等颇具代表性的仪式。上海滑稽戏中，也用"和合"来指称戏曲表演或者剧团的名称。[①] 由此可见，"和合"在民间信仰中的表达，首先是基于以傩戏为代表的祭祀戏剧中所传递的和合的氛围（或者说和合的效果）。

其次，和合的神化。既然和合是傩戏的本质和最显著特征，那么将和合这一特质赋予傩戏神案前供奉的神灵，就是自然而然的结果了。在中国传统社会中，就出现了一大批以"和合"命名的神灵，如《三教源流搜神大全》中的和合二仙、和事老人、都和合潘元帅、天和合梓元帅、地和合柳元帅等。因此可以说，和合神与民众的日常生活密不可分，代表了民众对生活和合的热切向往。很明显，这是一种泛神化的和合神信仰形式。

最后，和合神的固化。通常来说，人们总是希望名称或者观念处于固定的、稳定的状态，以便使自身的行为获得有效的支撑。对神灵的称谓也是如此。将所有层面的神灵都一概称作"和合神"，会造成神灵谱系的杂乱无章，而神灵谱系的杂乱无章必然会削弱神灵的功能性意义。每一位神灵都有自己特定的功能和作用，而称谓的混淆，无疑会大大降低神灵的灵验程度。为了使和合神的功能更加清晰与固化，和合神的形象需要固定下来。而最早的和合神，便是万回。

综上所述，和合神的产生过程主要包括三个阶段：首先，作为傩戏（祭祀戏剧）的"和合"意象在人类社会的早期便出现了，至迟在先秦时期得到社会的普遍认同；其次，秦汉至隋唐时期，和合逐渐神化；最后，唐五代时期，和合神逐渐固化。需要指出的是，这三个阶段只是笔者从逻辑角度进行的大致推衍。

---

① 刘庆：《上海滑稽述论》，上海戏剧学院博士学位论文，2006。

第二节　万回与和合神

万回是唐代神僧，大概生活在贞观至景云年间，在高宗、武后、中宗、睿宗四朝均有盛名。神僧万回的故事基本上以传说为主，中唐段成式的《酉阳杂俎》与晚唐郑棨的《开天传信记》中均有记载。僧人万回被民间社会尊奉为和合神，与传说的累加有关，因此我们在研究作为和合神的万回时，应重点关注传说中的万回形象。① 下面是《太平广记》卷九十二《异僧六》对于万回的描写：

> 万回师，阌乡人也，俗姓张氏。初母祈于观音像而因娠回。回生而愚，八九岁乃能语。父母亦以豚犬畜之。年长，父令耕田，回耕田，直去不顾，口但连称平等。因耕一垄，耕数十里，遇沟坑乃止。其父怒而击之，回曰："彼此总耕，何须异相。"乃止击而罢耕。回兄戍役于安西，音问隔绝。父母谓其死矣，日夕涕泣而忧思焉。回顾父母感念之甚，忽跪而言曰："涕泣岂非忧兄耶。"父母且疑且信，曰："然。"回曰："详思我兄所要者，衣裘糗粮中履之属，请悉备焉，某将往之。"忽一日，朝赍所备而往，夕返其家。告父母曰："兄平善矣。"视之，乃兄迹也，一家异之。弘农抵安西，盖万余里。以其万里回，故号曰万回也。先是玄奘法师向佛国取经，见佛龛题柱曰："菩萨万回，谪向阌乡地教化。"奘师驰驿至阌乡县，问此有万回师无，令呼之，万回至，奘师礼之，施三衣瓶钵而去。后则天追入内，语事多验。时张易之大起第宅，万回常指曰："将作。"人莫之悟。及易之伏诛，以其宅为将作监。常谓韦庶人及安乐公主曰："三郎斫汝头。"韦庶人以中宗第三，恐帝生变，遂鸩之，不悟

① 关于神僧万回的历史形象，可参见崔小敬：《唐代神僧万回考论》，《宗教学研究》2016年第3期。

为玄宗所诛也。又睿宗在藩邸时，或游行人间，万回于聚落街衢中高声曰："天子来。"或曰："圣人来。"其处信宿间，睿宗必经过徘徊也。惠庄太子，即睿宗第二子也，初则天曾以示万回。万回曰："此儿是西域大树精，养之宜兄弟。"后生申王，仪形瑰伟，善于饮啖。景龙中，时时出入，士庶贵贱，竞来礼拜。万回披锦袍，或笑骂，或击鼓，然后随事为验。太平公主为造宅于己宅之右。景云中，卒于此宅。临终大呼。遗求本乡河水。弟子徒侣觅无。万回曰："堂前是河水。"众于阶下掘井，忽河水涌出。饮竟而终。此坊井水，至今甘美。（《谈宾录》《西京记》）①

在所有关于万回的文字记载中，要数《太平广记》的这段记载最具传说色彩。

第一，万回在小时候就已经异于常人，这符合一般传说的基本特征。万回生下来就很愚笨，八九岁时才会说话，父母也把他当作小猪小狗养活。年纪稍大一些后，父亲叫他耕田，他一直往前走，耕一垄能耕出去几十里远，直到遇上沟坎坑穴才停住。父亲气得直打他，万回说："不管哪里都得耕，为什么还要分彼此？"

第二，万回得名于"万里能回"，这成为他被尊奉为和合神的关键因素。万回的哥哥在安西都护府（今新疆一带）服兵役，多年来一点音讯也没有，父母整日忧心忡忡。一天早晨，万回带着父母准备的东西去万里之外的安西看望哥哥，当天晚上就返回家中，并告诉父母，哥哥一切安好。因他能日行万里并平安返回家中，所以人们称他为"万回"。

第三，万回与玄奘的故事，加深了万回的神僧特性。玄奘法师西去取经时，路过一座荒废的古寺。到了晚上，他看见一尊菩萨塑像旁边的柱子上有一行文字在闪闪发光："菩萨万回，谪向阌乡地教化。"玄奘法师取经回来后，专程骑着驿马跑到阌乡寻找万回。见到万回以后，赠给他僧衣、

---

① ［宋］李昉等：《太平广记》，中华书局，1961，第606—607页。

僧钵。

第四，万回备受高宗、武后、中宗、睿宗、惠庄太子、太平公主等的推崇和信赖，进一步固化了万回的神僧形象。太平公主在自己的宅邸旁边，专门为万回建造了一座宅子。她对万回的敬重程度，由此可见一斑。

第五，死前的神迹，最终奠定（或者说升华）了万回的神僧形象。景云年间，万回法师圆寂于太平公主所赐的宅第。临终前，他非常想喝家乡的河水，于是命弟子在宅前掘井，没挖几下，河水便涌了出来。此事可视为对"万里能回"的深层呼应。万回死后，宫廷、民间都奉祭他，玄宗皇帝敕封他为圣僧，后人尊其为"团圆之神"，称其为"和合"。

神僧万回的传说对后世产生了广泛而深远的影响，在此基础上，神僧万回最终被尊奉为和合神。托名唐代李淳风著、袁天罡增补的《万法归宗》中提到了"和合法""和合咒""和合咒密法"。元代刘一清的《钱塘遗事》详细描述了宋代时，杭州民众在腊月祭祀万回的情形：

> 临安居民不祀祖先，惟每岁腊月二十四日，各家临期书写祖先及亡者名号，作羹饭供养罢，即以名号就楮钱上焚化。至来年此日复然。惟万回哥哥者，不问省部吏曹、市肆买卖及娼妓之家，无不奉祀，每一饭必祭。其像蓬头笑面，身着彩衣，左手擎鼓，右手执棒，云是和合之神，祀之可使人在万里外亦能回家，故名"万回"。隆兴铁柱观侧武当福地，观内殿右亦祠之，未知果为淫祠否乎？ [①]

按照刘一清的描述，杭州民众对万回哥哥极为崇信。从祭祀的频率来看，是"每一饭必祭"；从信奉者的范围来说，"惟万回哥哥者，不问省部吏曹、市肆买卖及娼妓之家，无不奉祀"，而"祀之可使人万里外亦能回家"。可以说，正是在家庭和合的意义上，"万里能回"的神僧万回满足了

---

① 〔元〕刘一清：《钱塘遗事》，上海古籍出版社，1985，第32—33页。

民众对美好生活的渴望。

从历史的脉络来说，唐末五代时期，社会动荡不安，战争频发，无数民众骨肉离散，因此对家庭和合的渴望尤为迫切。以"万里能回"的形象出现的唐代神僧万回成为和合神，就成为自然而然的事了。宋室南渡后，社会再次陷入混乱状态，民众对万回的信仰进入鼎盛（或者说抬升）时期。明代中期，民间社会的万回信仰发生了很大的改变。生活在正德至嘉靖时期的杭州人田汝成，在其《西湖游览志余》中描述的万回哥哥，就和元人刘一清的描述明显不同。

> 宋时，杭城以腊月祀万回哥哥，其像蓬头笑面，身着绿衣，左手擎鼓，右手执棒，云是和合之神，祀之可使人在万里外亦能回来，故曰万回。今其祀绝矣。独有所谓草野三郎、宋九六相公、张六五相公，不知何等神，杭人无不祀之，惑世甚矣。①

目前学界普遍认为，田汝成的这段记载抄自刘一清的《钱塘遗事》，区别在于刘一清的描述更细致，而田汝成侧重于描述万回信仰的功能。田汝成在摘抄刘一清的记载时，根据自己所处时代杭州民众的信仰状况进行了删改。这里透露出两个重要的信息：第一，在田汝成生活的时代，万回信仰已经从杭州民众的信仰生活中消失。第二，万回信仰消失后，和合神信仰进入了一个短暂的混乱期。正如《西湖游览志余》卷二三所云："独有所谓草野三郎、宋九六相公、张六五相公，不知何等神。"

---

① ［明］田汝成辑撰：《西湖游览志余》卷二三，上海古籍出版社，1958，第413页。

第三节　寒山、拾得与和合二圣

在和合神演化的过程中，最关键的阶段是和合神变成"和合二仙"，最后定格为"和合二圣"。"和合二仙"大概出现在明代中期，具体指中唐时期隐居在浙江天台山地区的寒山与拾得。[①]

寒山、拾得何以成为象征和美、团圆的和合二仙，在民间流传着多种说法。

一种说法[②]主要流传于天台地区。传说，国清寺内举行法会，越州（绍兴）信徒王老太和女儿芙蓉赴会，王老太因旅途劳累而病倒在寺中，受到尚未出家的寒山、拾得的精心照顾，临终前让芙蓉嫁给二人之中的一人。寒山、拾得互相推让，后来寒山出走，拾得苦苦寻找，最终在苏州一座古寺中找到寒山。二人相见时，一个拿着荷花，一个拿着圆盒。经过一番商量后，二人决定一起在寺中出家。后人称这寺院为寒山寺，称寒山为"和仙"，拾得为"合仙"。

另外一种说法[③]主要流传于苏州地区。传说，寒山和拾得同住一村，两人情同手足。后来街坊做媒，把一个姑娘许配给了寒山。但直到结婚前，寒山才知道拾得也喜欢这个姑娘，于是逃到苏州阊门外枫桥削发为僧。拾得知道后，便到苏州寻找寒山。两人见面时，寒山拿着一盒斋饭出迎，拾得将一枝荷花献给寒山。后来，拾得也出家为僧，两人在枫桥共建一寺，即"寒山寺"。

这两个传说虽然有很多细节出入，但有三点基本相同。其一，寒山、拾得感情深厚，离而复合，散而复聚（精神实质）；其二，二是两人相会

---

① 关于寒山子的考证，参见拙作：《寒山子考证》（《文学遗产》2007 年第 2 期），以及《隐逸诗人——寒山传》（浙江人民出版社，2006）。

② 参见浙江文艺出版社编印：《天台山传说》，1983。

③ 参见苏州市文联编：《苏州的传说》，上海文艺出版社，1982。

时，都是拾得执荷（和），寒山捧斋盒（合），坐实"和合"之说（谐音）。其三，寒山和拾得最后都是在苏州寒山寺出家的。

寒山寺因张继的《枫桥夜泊》而闻名中外。《枫桥夜泊》云："月落乌啼霜满天，江枫渔火对愁眠。姑苏城外寒山寺，夜半钟声到客船。"据《寒山寺志》记载，寒山寺"创建于梁天监时，旧名妙利普明塔院，以寒山子曾居此寺，即为名"。[①] 从寒山生平来看，寒山一生终老于寒岩，未曾到过苏州，又怎么可能在寒山寺出家呢？钱学烈先生提出，"寒山寺"在宋代名为"枫桥寺""妙利普明塔院"，其名见于文献开始于明代。[②] 明永乐十一年（1413），姚广孝在《寒山寺重兴记》中称："唐元和中有寒山子者，冠桦皮冠，着木屐，被褴褛衣，掣风掣颠，笑歌自若，来此缚茅以居，寻游天台寒岩，与拾得丰干为友，终隐于此。希迁禅师于此建伽蓝，遂额曰'寒山寺'。永乐三年深谷昶禅师募建殿室，于方丈设寒山、拾得、丰干像，不敢忘也。"这一传说虽然没有可靠的文献依据，但将寒山与寒山寺联系起来的，就是这种传说的力量。

为什么是寒山、拾得填补了万回之后，和合信仰中的合神缺位呢？通常来说，只有当对象等于或大于两个的时候，我们才能说它们相处和谐。万回终究是一个人，无法呈现出和合的完满状态。因此，"和合二仙"取代万回，成为和合神的象征，无疑是民众信仰生活准确化、细致化的一种表达。雍正皇帝敕封寒山为"和圣"，拾得为"合圣"，由此确立了"和合二圣"成为和合文化的符号象征。

上谕：朕惟佛道弘深，普济万品。宗师阐扬妙旨，救拔群迷，使众生利益福田，不坠慧命。在沙门则当尊其觉范，在护法自当崇其真修。朕阅古德语录，选辑僧肇以下诸大善知识之作，刊示来今。因念诸家成

---

① 叶昌炽撰：《寒山寺志》，江苏古籍出版社，1999。

② 钱学烈校评：《寒山、拾得诗校评》，天津古籍出版社，1998，第25—30页。

禠后学，实得佛祖妙心，宜示褒扬，特加封号。除紫阳真人、永明寿禅师、茆溪森禅师，具已另降谕旨，玉林琇禅师已蒙世祖章皇帝授封外，其余未封者具加封号。其经前代已封者，具增字加封。僧肇敕封大智圆正圣僧禅师，永嘉觉敕封洞明妙智禅师，寒山敕封妙觉普度和圣大士，拾得敕封圆觉慈度合圣大士，赵州谂加封圆证真际禅师，雪窦显加封正智明觉禅师，沩山祐加封灵觉大圆禅师，仰山寂加封真证智通禅师，圆悟勤加封明宗真觉禅师。并令该地方官致祭一次，俾天下后世参学大乘者，知果能实修实证，利己利人，则千百年后，帝王犹为之表彰，是亦劝勉之道也。特谕。[①]

　　说法，雍正敕封寒山和拾得为"和合二圣"的圣谕，属于"无年月谕旨"。那么，雍正是在何时敕封寒山、拾得为"和合二圣"的呢？据清翟灏《通俗编》记载：

　　　　今和合以二神并祀，而万回仅一人，不可以当之矣。国朝雍正十一年，封天台寒山大士为和圣，拾得大士为合圣。[②]

　　由翟灏的记载可知，敕封的时间是在雍正十一年。寒山、拾得为什么会成为和合二圣呢？雍正是从"满汉一家，三教合一，万善同归"与"佛以治心，道以治身，儒以治国"的三教和治理念出发，下诏封寒山为"妙觉普度和圣寒山大士"，拾得为"圆觉慈度合圣拾得大士"的。

　　和合信仰的形象经过数次变更，最后定格为和合二圣。旧时的喜庆与节日场合中，往往可见和合神的身影。其形象大都为两个蓬头笑面的童子，

---

　　① 　中国第一历史档案馆编：《雍正朝汉文谕旨汇编》第三册无年月谕旨，广西师范大学出版社，1999，第288—289页。

　　② 　[清] 翟灏：《通俗编》卷十九，商务印书馆，1959，第414页。

一人持荷，一人捧盒，寓意和合美满。江南传统建筑上的和合二圣图案，表达出民众对于美满生活的期望。

第六讲　作为一种政治理念的和合

从事中国传统学术研究的人都会有一个直观感受，那就是与西方文化相比，中国文化更加注重现实人生。钱穆先生在谈及中国文化精神的时候，曾经总结道：

> 这种世界观，又和西方耶稣教只讲未来天国，而不注重现实世界的有不同。中国孔孟诸子，深细说来，他们并非没有宗教信仰。只他们所信仰者，在现实人生界，而不在求未来和出世，而春秋战国时代一般的想望，到秦朝时，已经算到达了。至于当时在四周的一些外族，一时不能接受我们文化熏陶，我们暂时不理会，待他们能和我们处得来的时候，我们再欢迎他们进到我们疆界里面来，和我们一起过生活。①

梁漱溟先生从宗教精神的角度来考察，也得出了与钱穆先生类似的结论。梁先生在《中国文化要义》中论及中国是以"道德代宗教"时，在脚注里引用了常燕生先生在《中国民族怎样生活到现在》中从地理历史角度得出的重要结论——中国缺乏宗教说。②

> 人类在洪水期间，就只好躲到山西西南部的高原里去，和毒蛇猛兽争山林之利。黄河既然不好行船，因此交通比较困难，知识变换的机会较少。人们需要终日胼手胝足，才能维持他们的生活。因此没有余暇外之思。像埃及和印度那样宏大的宗教组织和哲理，以及由宗教所发生想象丰富的神话文学，不能产于中国。中国原始的宗教，大抵是与人事有关的神祇崇拜及巫术之类。这样，使中国老早就养成一种重实际而轻幻想的民族。中国民族老早已经接受了现代世界"人"的观念。中国民族

---

① 钱穆：《中国文化传统之演进》，载氏著：《国史新论》，生活·读书·新知三联书店，2001，第355—356页。

② 常燕生：《中国民族怎样生存到现在》，《国论》第三卷第十二至十四期合刊。

是第一个生在地上的民族，古代中国人的思想眼光，从未超过现实的地上生活，而梦想什么未来的天国。①

在梁先生的界定中，中国是一个"以道德代宗教"的"伦理本位"的社会。因此，无论是从信仰形式，还是从伦理本位的角度来说，中国社会都是一个立足于现实的社会，中国人在思考问题的时候，更为关注现实生活情境，也就是如何在现实中安身立命，使自己的生命得到恰当的安顿。

因此可以说，中国传统思想是以人为本的。具体来说，中国传统思想关注的是人的现实生活世界，道德与政治是其关键所在。道德体现的是人对自我与他者关系的处理，而政治处理的是人与人之间的关系。

在中国人的传统观念中，政治和道德是一体不分的，中国哲人既是善人，也是有道之人；中国哲学与中国道德是融凝为一的。政治乃人生一大事，修身齐家与治国平天下均可视为道德活动。孔子曰："政者正也。"孟子推崇的是仁政和善政。钱穆先生曾指出，政治之终极标准，仍脱离不了一个"善"字。②

钱穆先生在阐述中国传统知识分子时强调：

> 政治不是迁就现实，应付现实，而在为整个人文体系之一种积极理想作手段作工具。此一人文理想，则从人生大群世界性、社会性、历史性中，推阐寻求得来。此一精神，在春秋时代尚是朦胧不自觉的，直要到战国，始达成一种自觉境界。他们的政治理想，乃从文化理想人生理想中演出，政治只成为文化人生之一支。这一理想，纵然不能在实际政治上展布，依然可在人生文化的其他领域中表达。主要则归本于他们的

---

① 梁漱溟：《中国文化要义》，第 85 页。
② 钱穆：《中国的哲学道德与政治思想》，载氏著：《民族与文化》，（台北）东大图书股份有限公司，1989，第 52—53 页。

个人生活，乃及家庭生活。孔子《论语》中已说："孝乎唯孝，友于兄弟，施于有政，是亦为政，奚其为为政。"这是说，家庭生活亦就是政治生活，家庭理想亦就是政治理想，以其同属文化人生之一支。因此期求完成一理想人，亦可即是完成了一理想政治家，这是把政治事业融化到整个人生中而言。若单把政治从整个人生中抽出而独立化，即失却政治的本原意义。要专意做一个政治家，不一定即成为一理想人。《大学》直从诚意、正心、修身、齐家、治国、平天下一以贯之，而归宿到"一是皆以修身为本"。庄周亦说"内圣外王之道"。内圣即是诚意、正心、修身、齐家，外王即是治国、平天下。治国、平天下，亦只在实现人生文化理想。此种理想，必先能在各个人身上实现，始可在大群人身上实现。若这一套文化理想，并不能在各个人身上实现，哪有能在大群人身上实现之理？因为大群人只是各个人之集合，没有各个人，即不会有大群人。①

中国人的人生理想、现实追求，在很大程度上都呈现于政治生活中。政治的基础是个体道德修养的完善，而个体道德修养的完善实际上就是个体内在的"和"的呈现。由此可见，中国人的政治理念与和合哲学有着极为密切的联系。

① 钱穆：《中国知识分子》，载氏著：《国史新论》，第140—141页。

第一节　以仁爱之心为基础

仁爱（或者说爱）是中国古典哲学中一个非常重要的主题。[1]从更广阔的视野来看，"爱"也是人类哲学史上的永恒主题。儒家的哲学架构、政治设想等，都是在仁爱的基础上展开的。

儒家思想是以道德为基础的。周公在总结商朝灭亡的教训时提出："皇天无亲，唯德是辅"[2]。周公认为，"天命靡常"[3]，而道德就是天命转移的根据，政权的合法性必须建立在道德的根基上。换言之，道德是政治的基础。确立了道德为政治的基础，就意味着人是可以通过自身积极的行为承接天命的。孔子继承了周公以来的道德传统，就个体而言，对自我道德修养的强调，既是儒学的内在精神，也是儒家的基本价值立场；就社会而言，道德是人际关系的基本纽带，政治生活和社会生活必须建立在道德的基础之上。一个良性的社会，就是以道德为基础的社会。

孔子对中国道德传统的最大贡献，是对于"仁"的强调。孔子既讲"仁"，又讲"礼"，二者都是孔子从周代政治统治中继承而来的关于"仁"和"礼"的关系，孔子阐述道："人而不仁，如礼何？人而不仁，如乐何？"[4]在孔子看来，礼乐制度虽然重要，但终究只是一种工具，唯有根源于内心的仁爱，才是人最根本的东西。因此可以说，对于仁的强调，就是对于人之为人的强调，这跟儒家哲学立足于人的立场密切相关。[5]孔子站在人的立

---

[1]　笔者曾对 39 种先秦传世文献进行梳理，发现"爱"字共出现了 1265 次。其中儒家文献有 416 次，墨家文献有 255 次，道家文献有 278 次，法家文献有 177 次，纵横家文献有 101 次，兵家文献有 38 次。

[2]　李学勤主编：《十三经注疏·尚书正义》，北京大学出版社，1999，第 453 页。

[3]　李学勤主编：《十三经注疏·毛诗正义》，第 962 页。

[4]　［宋］朱熹：《四书章句集注》，第 61 页。

[5]　儒家立足于社会人的意义上，强调人之异于禽兽。道家则立足于自然人的立场（这个在老庄那里尤其明显），认为人不具有相对于禽兽而言的优越性。

场，以"仁"释"礼"，将作为外在规范的礼解释为仁的内在要求。孔子对于仁和礼的安置，反映出儒家哲学内在的张力。

在孔子那里，仁代表着一种精神生命的价值和体验，表达的是建立在个体道德实践基础之上的生命境界，更是对于人的日常行为的核心要求。正是在这个意义上，仁才成为诸德之总称。正是因为仁，人类的道德生活才有了扎实的基础和切实的可行性。[①] 因此可以说，孔子的仁学关注的是人与人之间的关系，强调的是"能近取譬"，[②] 亦即依靠主体的实践，由近及远、由己及人地实践"仁"的内涵。在孔子那里，对人与人之间的关系的处理，大概可以分成四个层次。首先是血缘关系（父母与子女），在这个层面，孔子强调"孝"。所谓"孝悌也者，其为仁之本与"。[③] 可以说，孝是整个儒家伦理得以确立的基础。其次是君臣关系（上下级关系），在这个层面，孔子强调"忠"。这里的"忠"是有前提的，"君使臣以礼，臣事君以忠"[④]。再次是平等的个体之间的关系，在这个层面，孔子强调"恕"。这里的"恕"至少有两层含义：就积极的层面而言，孔子强调"己欲立而立人，己欲达而达人"[⑤]；就消极的层面而言，孔子强调"己所不欲，勿施于人"[⑥]。最后是个人与整个民族的关系，在这个层面，孔子强调"知人论世"。如在孔子看来，

① 徐元诰：《国语集解》，第 88 页。
② ［宋］朱熹：《四书章句集注》，第 92 页。
③ ［宋］朱熹：《四书章句集注》，第 48 页。
④ ［宋］朱熹：《四书章句集注》，第 66 页。
⑤ ［宋］朱熹：《四书章句集注》，第 92 页。
⑥ ［宋］朱熹：《四书章句集注》，第 166 页。

管仲是不知礼的①，但他对于民族有大功，是个大仁人②。孔孟的经权之辨，被后世的儒家学者归纳为夷夏之辨。

"仁"作为儒家处理人际关系的基本原则之一，是不可能用下定义的方式来固化的。虽然"仁"的行为不能被固化，但"仁"的精神内涵是基本固定的。"仁者爱人"，是孔子对"仁"的基本规定，③但爱人是有原则的，"唯仁者能好人，能恶人"④孔子提出的理想人格要素，包括勇仁、知。"君子之道有三：仁者不忧，知者不惑，勇者不惧"⑤。三者之中，仁是最高的道德标准，知是仁、勇的前提条件，"好仁不好学，其蔽也愚"⑥。怎样才能达到仁的境界呢？在孔子看来，仁的实现取决于主体的自觉，"为仁由己，而由人乎哉"？"己欲立而立人，己欲达而达人。能近取譬，可谓仁之方也已"⑦。

在孔子这里，仁爱既是君子的行为准则，也是人之为人的基本设定。孟子完整地继承了孔子的这一立场，并在此基础上提出了人性本善说。⑧孟

① 在《论语·八佾》中，孔子对管仲的评价是气度狭小、生活奢侈、不知礼。"子曰：'管仲之器小哉！'或曰：'管仲俭乎？'曰：'管氏有三归，官事不摄，焉得俭？''然则管仲知礼乎？'曰：'邦君树塞门，管氏亦树塞门；邦君为两君之好有反坫，管氏亦有反坫。管氏而知礼，孰不知礼？'"参见［宋］朱熹：《四书章句集注》，第 67 页。

② 在《论语·宪问》中，孔子肯定管仲是仁者。"子路曰：'桓公杀公子纠，召忽死之，管仲不死。曰：未仁乎？'子曰：'桓公九合诸侯，不以兵车，管仲之力也。如其仁，如其仁。'"又，"子贡曰：'管仲非仁者与？桓公杀公子纠，不能死，又相之。'子曰：'管仲相桓公，霸诸侯，一匡天下，民到于今受其赐。微管仲，吾其被发左衽矣。岂若匹夫匹妇之为谅也，自经于沟渎而莫之知也。'"参见［宋］朱熹：《四书章句集注》，第 153 页。

③ "仁者爱人"出自《孟子·离娄下》："君子所以异于人者，以其存心也。君子以仁存心，以礼存心。仁者爱人，有礼者敬人。"（朱熹：《四书章句集注》，第 298 页）但是这个原则，孔子早已有过阐述。在《论语·颜渊》中，孔子说："樊迟问仁。子曰：'爱人。'"参见［宋］朱熹：《四书章句集注》，第 139 页。

④ ［宋］朱熹：《四书章句集注》，第 69 页。

⑤ ［宋］朱熹：《四书章句集注》，第 156 页。

⑥ ［宋］朱熹：《四书章句集注》，第 178 页。

⑦ ［宋］朱熹：《四书章句集注》，第 92 页。

⑧ 在孟子这里，人性必然本善，而非可善或者向善，这是孟子把道德落实为人的本质的结果。

子认为，仁、义、礼、智是每个人都与生俱来的四种品德，而不是从客观存在着的外部世界所取得的。而恻隐、羞恶、辞让、是非乃德之四端："恻隐之心，仁之端也；羞恶之心，义之端也；辞让之心，礼之端也；是非之心，智之端也。"①如果一个人能够自觉地将"四端"扩展为"四德"，就会成为明是非、讲礼义的"仁人义士"。"四端"说是孟子性善论的基础所在，而性善则是人与禽兽的根本差别，"人之所以异于禽兽者几希，庶民去之，君子存之"②。在性善论的基础上，孟子进一步提出了"王道""仁政"的政治学说。"王道"是"先王之道"的简称，而孟子所谓的"先王之道"，就是孔子所推崇的尧、舜、禹、汤、文、武、周公之道。仁政的道德基础，则是"不忍人之心"，"人皆有不忍人之心。先王有不忍人之心，斯有不忍之政矣。以不忍人之心，行不忍人之政，治天下可运之掌上"③。以不忍人之心行不忍人之政，即是王道政治。

在王道政治的模式下，统治者应如何处理与民众之间的关系呢？大概可以归纳为三个方面：爱民如子、视民如伤以及保民而王。三者也是仁爱在政治统治中的基本表达。

首先，爱民如子。在中国传统的政治结构中，君与臣的关系通常被描述为父母与子女的关系。如"惟天地万物父母，惟人万物之灵。亶聪明，作元后，元后作民父母"④，"天子作民父母，以为天下王"⑤，《尚书》中的这两段话，直接将统治者与被统治者的关系比作父母与子女的关系。既然是父母与子女的关系，那么统治者就应该像父母爱护小孩子一样爱护民众，这也成为政治运作的基本原则。正如孟子所言："为民父母，使民盼盼然，将终岁勤动，不得以养其父母，又称贷而益之，使老稚转乎沟壑，恶在其

---

① ［宋］朱熹：《四书章句集注》，第 238 页。
② ［宋］朱熹：《四书章句集注》，第 293 页。
③ ［宋］朱熹：《四书章句集注》，第 237 页。
④ 李学勤主编：《十三经注疏·尚书正义》，第 271 页。
⑤ 李学勤主编：《十三经注疏·尚书正义》，第 312 页。

为民父母也？"①因此可以说，爱民如子是仁爱之心最直接的表达。

其次，视民如伤。"视民如伤"出自《左传·哀公元年》："臣闻国之兴也，视民如伤，是其福也；其亡也，以民为土芥，是其祸也。"②这段话是陈国大夫逢滑对陈怀公说的。在逢滑看来，"视民如伤"是国家兴起的标志，而"以民为土芥"则是国家败亡的征兆。从这个角度来说，统治者如何看待民众，直接关乎国家的兴亡。孟子继承并发展了这一观点，提出："君之视臣如手足，则臣视君如腹心；君之视臣如犬马，则臣视君如国人；君之视臣如土芥，则臣视君如寇仇。"③朱子对"视民如伤"的阐释是："民已安矣，而视之犹若有伤；道已至矣，而望之犹若未见。圣人之爱民深，而求道切如此。不自满足，终日乾乾之心也。"④按照朱子的解释，"视民如伤"主要表达了两层意思：首先，表达了君主对民众生活状况的切实关注；其次，"如伤"表达了君主深切的爱民之情。中国传统政治是建立在情感（道德情感）的基础之上的，在这种机制下，情感的唤起非常重要，因此从某种程度上来说，视民如伤是唤起君主仁爱的最好方式，也是统治有效性的直接保证。

最后，保民而王。"保民而王"是孟子在与齐宣王的对话中提出的主张。⑤齐宣王向孟子询问齐桓公、晋文公称霸的事迹，孟子先是声称"仲尼之徒无道桓文之事者"⑥，回避了这个问题，然后提出"保民而王，莫之能御也"。紧接着，孟子以齐宣王曾"以羊易牛"之事为例，来说明齐宣王具有仁爱之心，而仁爱之心，就是"保民而王"的强有力基础。最后，孟子为

① ［宋］朱熹：《四书章句集注》，第 255 页。
② 杨伯峻编著：《春秋左传注》，第 1607 页。
③ ［宋］朱熹：《四书章句集注》，第 290 页。
④ ［宋］朱熹：《四书章句集注》，第 294 页。
⑤ 读《孟子》时，一定要重点关注孟子和齐宣王的关系。二人的关系非常特殊，孟子视齐宣王为"王者"，多次向他阐述自己的政治主张。因此，孟子的很多主张，都是在与齐宣王的对话中提出的。
⑥ ［宋］朱熹：《四书章句集注》，第 207 页。

齐宣王设计了"保民而王"的具体的措施："无恒产而有恒心者，惟士为能。若民，则无恒产，因无恒心。苟无恒心，放辟，邪侈，无不为已。及陷于罪，然后从而刑之，是罔民也。焉有仁人在位，罔民而可为也？是故明君制民之产，必使仰足以事父母，俯足以畜妻子，乐岁终身饱，凶年免于死亡。然后驱而之善，故民之从之也轻。今也制民之产，仰不足以事父母，俯不足以畜妻子，乐岁终身苦，凶年不免于死亡。此惟救死而恐不赡，奚暇治礼义哉？王欲行之，则盍反其本矣。五亩之宅，树之以桑，五十者可以衣帛矣；鸡豚狗彘之畜，无失其时，七十者可以食肉矣；百亩之田，勿夺其时，八口之家可以无饥矣；谨庠序之教，申之以孝悌之义，颁白者不负戴于道路矣。老者衣帛食肉，黎民不饥不寒，然而不王者，未之有也。"① 因此可以说，保民而王的实现，就是王道仁政的实现。

综上所述，以仁爱为基础的传统政治统治形式，实际上是以情感为基础的。而和合也是建立在仁爱的基础之上的，因此可以说，和合是中国传统政治结构的基础。

---

① ［宋］朱熹：《四书章句集注》，第 211—212 页。

第二节　以伦理教化为手段

如果说中国传统政治是建立在道德（或者说仁爱之心）的基础之上的话，那么，政治的一个重要职能就是伦理教化。章学诚先生指出："秦人之悖于古者，禁诗、书仅以法律为师耳。三代盛时，天下之学，无不以吏为师。周官三百六十，天人之学备矣。其守官举职而不坠天工者，皆天下之师资也。东周以还，君师政教不合于一。……秦人以吏为师，始复古制。"①在章学诚先生看来，自三代以来，政治就承担了教化功能。

前文在探讨史伯对"和合"的使用时已经指出，尧舜时期，统治者是以五教（也称五典，即父义、母慈、兄友、弟恭、子孝这五种伦理观念）来教化百姓的，五教也由此成为现实社会治理的基础，而这在很大意义上使得中国传统社会被强化为血缘伦理的社会，而这五种伦理关系也就成为教化的基础。道德教化重视的是个体道德修养的提升、道德境界的完善，也就是和合状态的获得。从这个意义上来说，"和合五教"就是从父义、母慈、兄友、弟恭、子孝这五种伦理观念出发，使百姓普遍认可、接纳这五种教化，力求使社会达到和谐统一的状态。因此，和合五教作为政治治理的根本，实际上强调的是在道德教化的基础上，实现和谐美好的治理局面，这也是传统社会治理的基本特色。

伦理教化之所以会成为重要的统治手段之一，与中国传统宗法社会的基本结构，尤其是儒家对中国社会的重要影响有着密切的关系。有鉴于此，梁漱溟先生直接将中国传统社会称作"伦理本位社会"。

> 旧日中国之政治构造，比国君为大宗子，称地方官为父母，视一国如一大家庭。所以说"孝者所以事君，弟者所以事长，慈者所以使众"；

---

① ［清］章学诚，叶瑛校注：《文史通义校注》，中华书局，1985，第232页。

而为政则在乎"如保赤子"。自古相传，二三千年一直是这样。这样，就但知有君臣官民彼此间之伦理的义务，而不认识国民与国家之团体关系。因而在中国，就没有公法私法的分别，刑法民法亦不分了。一般国家罔非阶级统治；阶级统治是立体的，而伦理关系则是平面的。虽事实逼迫到中国要形成一个国家，然条件既不合（后详），观念亦异。于是一般国家之阶级统治，在这里不免隐晦或消融了。

不但整个政治构造，纳于伦理关系中；抑且其政治上之理想与途术，亦无不出于伦理归于伦理者。福利与进步，为西洋政治上要求所在；中国无此观念。中国的理想是"天下太平"。天下太平之内容，就是人人在伦理关系上都各自做到好处（所谓父父子子），大家相安相保，养生送死无憾。至于途术呢，则中国自古有"以孝治天下"之说。①

综上所述，伦理教化既是中国传统政治的重要统治手段，也是"伦理为本位"的传统宗法社会所必然采取的手段。从和合的角度来说，伦理教化也是"和合五教"的直接呈现。由此可见，建立在伦理教化基础上的传统统治形式，是以道德的养成和社会的和谐为目标指向的。

---

① 梁漱溟：《中国文化要义》，第 75—76 页。

第三节　以协和万邦为理想

以仁爱为基础、以伦理教化为手段，会形成什么样的政治格局呢？按照钱穆先生的说法，会形成一个"大局面"。

上面说过，中国文化开始就摆在一个大局面上，而经历绵延了很长时期。这里便已包蕴中国文化一种至高至深的大意义。中国一部古经典《易经》说："可大可久"，这是中国人脑子里对于一般生活的理想，也就是中国文化价值之特征。以现在眼光看，中国是世界之一国，中国人是世界人种中一种。我们用现代眼光去看秦以前中国古人的生活，有些人喜欢说中国古人闭关自守，和外国人老死不相往来。这种论调，我们若真用历史眼光看，便知其不是。我们也很容易知道中国几千年前的古人，对于几千年后中国近人这样的责备，他们是不肯接受的。在古代的中国人，一般感觉上，他们对于中国这一块大地，并不认为是一个国，而认为它已可称为天下，就已是整个世界了。中国人所谓天下，乃一大同的。……《中庸》上说："天之所覆，地之所载，日月所照，霜露所坠，舟车所至，人力所通，凡有血气，莫不尊亲。"这像是秦代统一前后人的话，在当时，实在认为中国已是一个天下了。当时人认为整个中国版图以内的一切地方，就同是一天下，就同在整个世界之内了。在这整个世界之内，文化已臻于大同。在那时，中国已经成为一个大单位，那时只有中国人和中国。所谓中国，就是包括整个中国人的文化区域。他们以为这就已经达到了世界和天下的境界，世界大同，天下太平，这是中国古人理想中的一种人类社会。所谓"凡有血气，莫不尊亲"，这就是中国文化所希望达到的理想了。因此我们可以说，中国文化是人类主义即人文主义的，亦即世界主义的。[1]

按照钱穆先生的说法，中国传统文化具有极为强大的包容性和生命力，中国古人具有宽广的胸怀和宏大的天下观，他们所期待的世界是"大同世界"。《礼记·礼运》对"大同世界"的描述是："大道之行也，天下为公。选贤与能，讲信修睦。故人不独亲其亲，不独子其子，使老有所终，壮有所用，幼有所长，鳏、寡、孤、独、废疾者皆有所养；男有分，女有归。货，恶其弃于地也，不必藏于己；力，恶其不出于身也，不必为己。是故谋闭而不兴，盗窃乱贼而不作，故外户而不闭。是谓大同。"[2] 由此可见，大同社会是中国古人（尤其是儒家）对社会治理的最美好构想。大同社会的理想，充分体现出儒家胸怀天下的仁爱精神以及广大民众对美好生活的深切渴望。

《尚书·虞书·尧典》曰："允恭克让，光被四表，格于上下。克明俊德，以亲九族。九族既睦，平章百姓。百姓昭明，协和万邦。黎民于变时雍。"[3]这段话描述的就是古典时代的中国人对政治统治的基本设定，也就是以仁爱为基础，通过伦理教化，使百姓安宁，国家安定，万邦协和。

---

[1]　钱穆：《中国文化传统之演进》，第 352—354 页。

[2]　李学勤主编：《十三经注疏·礼记正义》，第 656 页。

[3]　李学勤主编：《十三经注疏·尚书正义》，第 26—27 页。

第七讲　作为一种生活理想的和合

中国古典哲学思想的基本特质之一，就是现实性。唯有在个体自我完善的意义上，中国古典哲学的现实性才能真正彰显。关于这一点，牟宗三先生在《中国哲学的特质》中说得很清楚：

> 中国的哲人多不着意于理智的思辨，更无对观念或概念下定义的兴趣。希腊哲学是重知解的，中国哲学则是重实践的。实践的方式初期主要是在政治上表现善的理想，例如尧、舜、禹、汤、文、武诸哲人，都不是纯粹的哲人，而都是兼备圣王与哲人的双重身份。这些人物都是政治领袖。与希腊哲学传统中那些哲学家不同。在中国古代，圣和哲两个观念是相通的。哲字的原义是明智，明智加以德性化和人格化，便圣了。因此圣哲二字常被连用而成一词。圣王重理想的实践，实践的过程即为政治的活动。此等活动是由自己出发，而关联人、事和天三方面。所以政治的成功，取决于主体对外界人、事、天三方面关系的合理与调和；而要达到合理与调和，必须从自己的内省修德作起，即是先要培养德性的主体，故此必说"正德"然后才可说"利用"与"厚生"。中国的圣人，必由德性的实践，以达政治理想的实践。
>
> 从德性实践的态度出发，是以自己的生命本身为对象，绝不是如希腊哲人之以自己生命以外的自然为对象，因此能对生命完全正视。这里所说的生命，不是生物学研究的自然生命（natural life），而是道德实践中的生命。[①]

在牟先生看来，中国思想家与古希腊思想家的一个关键性差别是：中国思想家更注重实践，重视个体道德生命，道德性和个体性在这个意义上得到彰显；古希腊的哲学家更重视理智的思辨。在《中国哲学十九讲》中，牟先生就中国哲学的特殊性阐述道：

---

① 牟宗三：《中国哲学的特质》，上海古籍出版社，1997，第10—11页。

中国哲学，从它那个通孔所发展出来的主要课题是生命，就是我们所说的生命的学问。它是以生命为它的对象，主要的用心在于如何来调节我们的生命，来运转我们的生命、安顿我们的生命。这就不同于希腊那些自然哲学家，他们的对象是自然，是以自然界作为主要课题。因此就决定后来的西方哲学家有 cosmology，有 ontology，合起来就是亚里士多德所说的 metaphysics。这个 metaphysics 就是后来康德所说的 theoretical metaphysics。希腊就是成这一套。中国人就不是这样，中国人首先重德，德性这个观念首先出现，首出庶物。这个拿康德的话来讲，就是实践理性有优先性，有优越性，优先优越于 theoretical reason。中国古人对德性，对道德有清楚的观念，但对知识就麻烦。知识本来就很难的，要有知识必须经过和外界接触，要了解对象，这不是尽其在我，而且不是操之在我的，德性的问题是操之在我的，我欲仁斯仁至矣。这合乎人情之常，所以古人首先对德性有清楚的观念。德性问题是操之在我，所以他讲德性问题的时候是重简易。①

因此，很多人直接将中国古典哲学称为"人生哲学"。正是由于对现实人生的重视，对个体的强调，中国古典哲学在个体的设定和完善方面提出的很多主张，在今天仍有参考价值。

中国古典哲学是以人为中心的，其价值是建立在个体的意义之上的。如果说中国古典哲学就是和合哲学的话，那么其首先体现为个体生活的和合。有鉴于此，本讲主要从心、身、命以及乐的角度，探讨和合哲学是如何建构个体的生活理想的。

---

① 牟宗三：《中国哲学十九讲》，上海古籍出版社，2005，第12—13页。

第一节 定心

作为身体主宰的"心"，在中国传统思想中占有十分重要的位置。中国古人普遍认为，"心"具有认识、感知（思维）的功能。

> 心之官则思，思则得之，不思则不得也。(《孟子·告子上》)①

> 人何以知道？曰：心。心何以知？曰：虚壹而静。(《荀子·解蔽篇》)②

> 心也者，智之舍也。(《管子·心术上》)③

由孟子和荀子的描述可知，人可以通过心的思维能力，来认识道以及把握世界。从某种程度上来说，"心"就是人之为人的最重要因素，具有主宰的意义。

> 心也者，道之工宰也。(《荀子·正名篇》)④

> 心者，形之君也，而神明之主也，出令而无所受令。(《荀子·解蔽篇》)⑤

> 心无他图，正心在中，万物得度。(《管子·内业》)⑥

> 心之在体，君之位也。(《管子·心术上》)⑦

---

① ［宋］朱熹：《四书章句集注》，第335页。
② ［清］王先谦：《荀子集解》，第395页。
③ 黎翔凤：《管子校注》，第770页。
④ ［清］王先谦：《荀子集解》，第423页。
⑤ ［清］王先谦：《荀子集解》，第397页。
⑥ 黎翔凤：《管子校注》，第938页。
⑦ 黎翔凤：《管子校注》，第759页。

上述引文表明，具有主宰意义的"心"，决定着人的一切行为方式，并由此成为人一切行为判断的源头。此外，"心"在中国传统思想中也极为重要，是天道得以呈现的载体。因此可以说，中国传统学说就是指向世道人心的学说，心学是中国最根本的思想传统。①

在中国古典思想中，"心"不仅具有认识的功能，其作为身体的主宰，还是一个具有整体性、完整性意义的概念。据《传习录》记载，王阳明的弟子萧惠向他请教"己私难克"的问题，王阳明的回答是：

> 所谓汝心，亦不专是那一团血肉。若是那一团血肉，如今已死的人，那一团血肉还在。缘何不能视听言动？所谓汝心，却是那能视听言动的。这个便是性，便是天理。有这个性，才能生这性之生理。便谓之仁。这性之生理，发在目便会视，发在耳便会听，发在口便会言，发在四肢便会动。都只是那天理发生，以其主宰一身，故谓之心。这心之本体，原只是个天理。原无非礼。这个便是汝之真己。这个真己，是躯壳的主宰。若无真己，便无躯壳。真是有之即生，无之即死。汝若真为那个躯壳的己，必须用着这个真己。便须常常保守着这个真己的本体。戒慎不睹，恐惧不闻。惟恐亏损了他一些。才有一毫非礼萌动，便如刀割，如针刺。必须去了刀，拔了针。这才是有为己之心，方能克己。汝今正是认贼作子。缘何却说有为己之心，不能克己？（《传习录》上，第一二二条）②

《传习录》这段文字主要探讨了克己的问题。萧惠提出，躯壳和真己是两件东西，所谓"克己"大体上是为了躯壳的自己（欲望的自己），而不是

---

① 我一直认为，心学是中国思想的主导传统，在先秦时期就已经奠定。先秦诸子百家虽然立说各有差别，但是基本的思路大体相似，就是把天道落实到人心，这是轴心时期中国思想实现的一个重大变革。由此，对治人心成为中国思想的主要方式。这种方式经由先秦时期的变革，成为中国思想传统的一大特质。

② ［明］王阳明：《王阳明全集》，第36页。

为了真己（真实的自己）。王阳明认为，人只有认识到真己和躯壳无二之后，才能真正地去克己、为己。换言之，心是真己。此外，王阳明给"真己"加了三个限定条件。首先，真己不离躯壳。王阳明与萧惠之间的对话，就是围绕人的自我修养展开的，而不断提升自我的修养，正是真己对于现实人生的意义所在。其次，真己是心，是人的一切行为的决定者。最后，真己是心，是性，是天理。在这里，天理、性与人心被同一起来。王阳明说真己是心，是那"能视听言动者"，这个"能"字事实上就是"视听言动"的根据。正是在这个意义上，心作为一切行为的根据，就是本性，就是天理，就是本体。

因为"心"承担了人生意义的全部，所以如何解决好"心"的问题，对于中国古典哲学具有根本性的意义。这种意义，不仅是理论上的，更关乎人的生活世界意义的确立以及人的生活理想的实现。有鉴于此，中国古典哲学针对"心"的安顿提出了很多创见，其中程颢在《定性书》中的观点极具启发意义。

　　所谓定者，动亦定，静亦定；无将迎，无内外。苟以外物为外。牵己而从之，是以己性为有内外也。且以己性为随物于外。则当其在外时，何者为在内？是有意于绝外诱，而不知性之无内外也。既以内外为二本，则又乌可遽语定哉？

　　夫天地之常，以其心普万物而无心，圣人之常，以其情顺万物而无情，故君子之学，莫若廓然而大公，物来而顺应，《易》曰："贞吉悔亡，憧憧往来，朋从尔思。"苟规规于外诱之除，将见灭于东而生于西也。非惟日之不足，顾其端无穷，不可得而除也。人之情各有所蔽，故不能适道，大率患在于自私而用智，自私则不能以有为为应迹，用智则不能以明觉为自然。今以恶外物之心，而求照无物之地，是反鉴而索照也。《易》曰："艮其背，不获其身。行其庭，不见其人。"孟氏亦曰："所恶于智者，为其凿也。"与其非外而是内，不若内外之两忘也。两忘则澄然无事矣。无事则定，定则明，明则尚何应物之为累哉？圣人之喜，以物之当喜，圣人之怒，以物之当怒，是圣人之喜怒不系于心，而系于物也。是则圣人岂不应于物哉？乌得以从外者为非，而更求在内者为是也。今以自私用智之喜怒，而视圣人喜怒之正为何如哉？夫人之情，易发而难制者，唯怒为甚。第能于怒时，遽忘其怒，而观理之是非，亦可见外诱之不足恶，而于道亦思过半矣。①

《定性书》又称《答横渠先生定性书》《答张横渠子厚先生书》，是程颢（明道先生）为答惑弟子张载（横渠先生）"定性为能不动，犹累于外物"这一问题而写的一封回信。张载的问题可简述为：人性受到外物的干扰和诱惑时，应该怎么办？程颢在回答这一问题时明确指出："定性字说得也诧异，此性字是个心字义。"②程颢的回答，大概包含了三个层面的内容。

第一，什么是"定"？程颢的回答是："所谓定者，动亦定，静亦定。"即动的时候有定，静的时候也有定。那么，"动"是什么？"静"又是什么？按照《定性书》的整体讨论框架，"动"指的是人心受外物的影响而产生的一种行为状态，即动于物。在现实生活中，我们总是处在各种具体的物的影响之中，与外物的种种关系构成了我们生活的基本事实。而"静"指的是人在去除掉所有外物的诱惑之后，所呈现出来的状态。一般情况下，人们倾向于将"静"视为"定"，但是这样的状态很少出现，或者说仅仅是一种理想化的状态而已。因此在程颢看来，"动亦定，静亦定"，而"定"就是人心与外物之间的一种动态平衡的状态。

第二，人心如何保持动态平衡的状态呢？这是张载提问的核心所在。

---

① ［宋］程颢：《定性书》，转引自［清］黄宗羲等：《宋元学案》，中华书局，1986，第546—567页。

② ［宋］黎靖德编：《朱子语类》，第2441页。

按照张载的说法，性（或者说心）不能定是因为"累于物"。那么，人为什么会累于物呢？程颢的回答是：人将自己的心视为内在的，将物视为外在的。在这个区分的基础上，人就会产生一种判断——内在的是好的，外在的是不好的，此即所谓的"是内而非外"。如此一来，人必然会陷入刻意通过消解外在诱惑来获致内在安宁的思虑或者行为之中，最终导致内外交困。程颢认为，这其实是人"自私用智"的结果。所谓"自私"，就是人有意识地区分内外，是内而非外；所谓"用智"，就是人觉得自己的智慧、能力可以消解私欲、外物带来的不利影响。人越是"自私用智"，就越难以达至"定"的结果。而要想达至"定"的结果，首先就要去除内外的差别，真正做到"两忘"。"两忘"并不是消解人与外物之间的关联，更不是以"我"去克制、消解"物"，而是物来顺应、内外一体。

第三，什么才是"定"的境界呢？按照程颢的说法，那就是"廓然而大公，物来而顺应"，这也是圣人的境界。圣人之心是"廓然大公"的，没有一丝私欲，此即所谓的"夫天地之常，以其心普万物而无心，圣人之常，以其情顺万物而无情"。因此可以说，"廓然而大公，物来而顺应"是圣人处世的一个基本原则。

综上所述，《定性书》所强调的"定性"，其实就是"定心"，而"定心"强调的是人心与外物之间始终保持一种动态平衡的状态。因此可以说，"定心"有助于我们妥善处理与现实世界之间的复杂关系，通过使自己和现实世界之间保持动态的平衡，来获得最佳的发展状态。

第二节　安身

对于人的现实存在来说，身既是人之存在的最直观的基础，又和欲望直接相关。因此可以说，身既具有积极的一面，也具有消极的一面。用老子的话来说就是："宠辱若惊，贵大患若身。"[1] 由于身体是一个关键而又特殊的存在，故如何处理其与心之间的关系，就成为一个非常重要的哲学命题。

《管子》试图通过心和道来限定形（身），从而使形（身）摆脱欲望的控制。

> 凡心之刑，自充自盈，自生自成。其所以失之，必以忧乐喜怒欲利。能去忧乐喜怒欲利，心乃反济。彼心之情，利安以宁，勿烦勿乱，和乃自成。折折乎如在于侧，忽忽乎如将不得，渺渺乎如穷无极。此稽不远，日用其德。
>
> 夫道者，所以充形也，而人不能固。其往不复，其来不舍。谋乎莫闻其音，卒乎乃在于心；冥冥乎不见其形，淫淫乎与我俱生。不见其形，不闻其声，而序其成，谓之道。凡道无所，善心安爱。心静气理，道乃可止。彼道不远，民得以产；彼道不离，民因以知。是故卒乎其如可与索，眇眇乎其如穷无所。彼道之情，恶音与声，修心静意，道乃可得。道也者，口之所不能言也，目之所不能视也，耳之所不能听也；所以修心而正形也；人之所失以死，所得以生也；事之所失以败，所得以成也。民道无根无茎，无叶无荣，万物以生，万物以成，命之曰道。[2]

《管子》指出，人心一旦受制于"忧乐喜怒欲利"之后，就会失去其自

---

① ［魏］王弼注，楼宇烈校释：《老子道德经注校释》，第 28 页。

② 黎翔凤：《管子校注》，第 931—937 页。

充自盈的本性，因此必须以道来规范、限定心，并按照道的要求生活。

中国古典哲学家特别强调，人唯有以道（心）来限定、规范身，将欲望控制在合理的范围内，才能达到孔子所推崇的"安"的境界。何为"安"？据《论语》记载："子曰：'食夫稻，衣夫锦，于女安乎？'曰：'安！''女安则为之！夫君子之居丧，食旨不甘，闻乐不乐，居处不安，故不为也。今女安，则为之！'"①这是孔子和宰我之间关于三年之丧是否合理的对话。孔子所言之"安"，指的是心安，也就是内心静定、平和、安宁的状态。《大学》"知止而后有定，定而后能静，静而后能安，安而后能虑，虑而后能得"中的"安"，亦是此意。由此可见，"安"是儒学传统中判断个体行为的一个重要标准。

《周易》将"安"和"身"结合在一起，提出了"利用安身，以崇德也"的主张。《系辞传》曰："精义入神，以致用也；利用安身，以崇德也。"②又曰："君子安其身而后动，易其心而后语，定其交而后求。"③很明显，《周易》并不否定个体的物质欲望，"利用安身"是说通过对外物的占有和利用来解决生命的物质需求问题；"君子安其身而后动"是说君子必先安定其身，然后才可以有所作为。可以说，自身的"安"，或者说对自身的物质需求（欲望）的适度满足，是儒家对待物质需求的基本态度。在此基础上，荀子进一步提出："人生而有欲，欲而不得，则不能无求。求而无度量分界，则不能不争；争则乱，乱则穷。先王恶其乱也，故制礼义以分之，以养人之欲，给人之求。使欲必不穷于物，物必不屈于欲。两者相持而长，是礼之所起也。"④在荀子看来，"安"就是"使欲必不穷于物，物必不屈于欲，两者相持而长"。简单来说，就是物质在欲望的需求下不断增长，欲望在物质的丰富中不断得到满足。

---

① ［宋］朱熹：《四书章句集注》，第181页。
② ［宋］朱熹撰，苏勇校注：《周易本义》，第155页。
③ ［宋］朱熹撰，苏勇校注：《周易本义》，第157页。
④ ［清］王先谦：《荀子集解》，第346页。

从安身的角度来看，儒家对人的物质需求是持宽容平和的态度的，强调将欲望限定在合理的范围内，不要沦为欲望的奴隶。这种观念随着社会的发展不断被强化，明代王艮直接将"安身"与"立本"并列起来：

> 修身立本也，立本安身也。安身以安家而家齐，安身以安国而国治，安身以安天下而天下平也。故曰"修己以安人"，"修己以安百姓"，"修其身而天下平"。不知安身，便去干天下国家事，是之谓失本也。就此失脚，将或烹身割股、饿死结缨，且执以为是矣。不知身不能保，又何以保天下国家哉？①

按照王艮"修己以安人""修己以安百姓""修其身而天下平"的描述，安身是修身的基础，修身是立本的必要条件，而立本则是安身的目的。

综上所述，从先秦开始，"安身"就成为儒家对待物质需求的基本态度，明代以后则成为儒家的立命之道。

---

① ［明］王艮：《王心斋全集》，江苏教育出版社，2001，第34页。

第三节　立命

对命运的思考，可以说是人类与生俱来的天性。人类在面对自己的无知和不可知的世界时，往往会寻求一种超越自身的存在来解释现实和回答存在的意义。命运是个体一生中所经历的各种事件和结果的总和，是个体选择和环境相互作用的结果。

儒家传统对命运的思考，是从天命观开始的。天命，即天之意旨或命令。在传统语境中，天命代表着超越性的、主宰的、有意志的天，是人世间一切存在的合法性基础和价值评判的最后裁决者。早在殷商时期，时人便对天的主宰性有着清晰的认识。如"先王有服，克谨天命。罔之天之断命，天其永我命于兹新邑"（《尚书·商书·盘庚》）[1]，"天命玄鸟，降而生商"（《诗·商颂·玄鸟》）[2]，"夏道尊命，事鬼敬神而远之"（《礼记·表记》）[3]。殷商时期，占支配地位的、作为至上神意义使用的是"帝"这一观念。[4] 但不可否认的是，天命在殷商时期的政治文化中同样具有决定性的意义。

由"天"字的甲骨文字形可知，其最初指的是人的头顶，这就意味着"天"是超越于人的现实存在的。许慎《说文解字》对"天"字的解释是"天，颠也，至高无上"。段玉裁进一步解释道："凡言元始也，天颠也，丕大也，吏治人者也，皆于六书为转注而微有差别。元始可互言之。天颠不可倒言之。盖求义则转移皆是，举物则定名难假，然其为训诂则一也。颠者，人之顶也，以为凡高之称。始者，女之初也，以为凡起之称。然则天亦可为凡颠之称。臣于君，子于父，妻于夫，民于食皆曰天是也。至高无

---

①　李学勤主编：《十三经注疏·尚书正义》，第 225—226 页。

②　李学勤主编：《十三经注疏·毛诗正义》，第 1444 页。

③　李学勤主编：《十三经注疏·礼记正义》，第 1484 页。

④　陈梦家先生指出："在殷商时，帝是最高的人格神，它主宰人间的一切。天是在周时才受到格外的重视的。"参见陈梦家：《殷墟卜辞综述》，科学出版社，1965，第 581 页。

上，从一大。至高无上，是其大无有二也，故从一大。"可以说，"天"这一观念的出现意味着超越性、主宰性意义的最终实现。当然，"天"取代"帝"成为至上神需要一个过程。郭沫若先生提出，称至上神为"天"始于殷周之际。王震中先生进一步指出，"天"本来就是周人的至上神，"周人在继承商朝对帝崇拜的同时，又加进把天作为至上神的观念，并使'帝'与'天'在至上神的意义上具有同一性"。在中国传统政治中，天命是世俗政权合法性的基础，而对"帝""天命"的重视，体现了中国古人对不可知且强大的神秘控制力的敬畏，以及对于现实生活的确定性的追求。

既然世俗政权的合法性是建立在天命的基础之上的，那么，如何承续天命就成为世俗政权能否持续存在的关键。现实政治的变革（殷商的灭亡），使周人认识到"天命靡常"，世俗政权的合法性需要执政者通过坚持不懈的努力，来进行持续不断的证明。如此一来，问题的视角由超越的存在转向了现实的人间，对天命的仰视变成了对人类自身行为的要求。这种要求被周人归纳为"皇天无亲，唯德是辅""以德配天""敬德保民"等。"德"由此成为天命与人事之间的沟通管道，执政者唯有坚持不懈地履行"天德"，才能永保天命，人类行为的道德向度由此被引入天命论的解释框架之中。在这样的视角之下，人类在无常的天命面前不再是单向度的服从者，而是可以通过自身的道德行为来积极地承担天命。王国维先生因此说"中国政治与文化之变革，莫剧于殷周之际"。① 陈来先生则提出，周代的天命观具有"伦理宗教"的品格，周人已经开始从伦理的角度来理解自然和神。他说："西周的天命观是'有常'与'无常'的统一，'无常'是指天命所赐给某一王国的人间统治权不是永恒的；'有常'是指天意天命不是喜怒无常，而有确定的伦理性格。很显然，这里的天命论都是一种'历史中的上帝'

---

① 王国维：《观堂林集》，中华书局，1959，第451页。

（缪勒）的意志体现，而不是指自然的秩序与法则。"①

　　孔子反思并发展了西周以来"以德配天""敬德保民"的天人观念，提出"天生德于予"的主张，强调人可以通过"修德"去接近和开显天命。对于"知其不可而为之"（《论语·宪问》）②的孔子而言，对天命的信仰就是支撑自己周游列国的根本动力。"天生德于予，桓魋其如予何？"（《论语·述而》）③"天之未丧斯文也，匡人其如予何？"（《论语·子罕》）④由此可见，在孔子那里，天命不仅是超越的、决定性的、道德性的存在，而且是个体生活的精神源泉，是道德和信仰的基础。人类对于天命，必须心存敬畏，"君子有三畏：畏天命，畏大人，畏圣人之言"（《论语·季氏》）⑤。在"三畏"中，对于天命的敬畏居于首位，表明天命在孔子心目中具有无上的神圣性。孔子曾说过"五十而知天命"，朱熹注曰："天命，即天道之流行而赋予物者，乃事物所以当然之故也。知此则知极其精，而不惑又不足言矣。"如此一来，孔子就把对天命的敬畏与人的内在的道德性及人对生命价值的追求有机结合了起来。对于现实的人来说，知天命是对自身道德行为的基本要求，这种要求直接指向人的道德行为的完善。通过道德行为的实践，人类的存在与天命的规定联系在了一起。从这个意义上来说，儒家的天命观更多地呈现为道德的超越性根据，而我们在儒家的天命观中，看到的是超越性、决定性、神圣性和权威性。超越性是基于天命之作为现实的根据而言的，决定性乃是超越与现实之间得以关联的纽带，神圣性和权威性乃是现实的、有限的个体对于决定性的超越的存在的情感。所以，儒家的天命观中所呈现出来的是双向互动的关系，即天命对于个体的决定意义以及个体

---

　　①　陈来：《古代宗教与伦理：儒家思想的根源》，生活·读书·新知三联书店，1996，第193页。

　　②　[宋] 朱熹：《四书章句集注》，第158页。

　　③　[宋] 朱熹：《四书章句集注》，第98页。

　　④　[宋] 朱熹：《四书章句集注》，第110页。

　　⑤　[宋] 朱熹：《四书章句集注》，第172页。

对于天命的敬畏。

此外，天命论中还透露出另一个重要的信息：个体只要积极地践行仁义礼智信的道德行为，就会得到天命的护佑；只要做出违背道德伦理的行为，就会受到天命的惩罚。如此一来，赏善罚恶就成为天命的基本表达形式。透过这种形式，天命就成为人的善性的终极根据，仁义礼智信等道德行为就成为人之为人最起码的准则和立身之本。因此可以说，在以德配天的基本框架下，个体的道德行为与善恶的结果成为一种具有因果决定关系的逻辑结构。

天命在历史中的流变或无常，可以在一定程度上解释现实政权的变更，用天命论诠释政权的合法性，也是传统政治哲学的基本逻辑框架。在以德配天的基本框架下，政权的存废完全是与统治者个体的道德努力联系在一起的：一个政权之所以会存在，是因为统治者推行道德教化、关心百姓疾苦；一个政权之所以会覆亡，是因为统治者践踏道德原则、无视百姓的要求。这也就意味着，人类的道德行为可以直接达至天命。

问题在于：并非所有的道德行为都会产生美好的结果，善人不得善终、恶人为所欲为的现象无法在天命论的框架中得到解释，于是引入了"命（命运）"的观念。与天命不同，命似乎仅是一种盲目的必然性，人在命的面前是被单向决定的，这就意味着人不可能通过自己的道德努力来改变命运。个体行为之所以与其归宿相悖，就是因为命的决定作用。因此，一个人的寿夭、福祸、贫贱、得失都是被命运决定的，个体的努力也许可以改变命运的具体呈现，但无法改变命运所决定的结果。在命运面前，人的有限性、无助被表现得淋漓尽致。于是，颜回死，夫子悲叹道："天丧予！天丧予！"（《论语·先进》）[1] 伯牛染疾，孔子哀叹道："亡之，命矣夫！斯人也而有斯疾也！斯人也而有斯疾也！"（《论语·雍也》）[2] 德行高尚如颜渊、冉耕，终不

---

[1]　[宋] 朱熹：《四书章句集注》，第 125 页。

[2]　[宋] 朱熹：《四书章句集注》，第 87 页。

免短命而终，可见，作为有限的存在的人类在命运的盲目必然性面前是何等的渺小。孟子对"命"的理解是"莫之致而至者，命也"①（《孟子·万章上》）。可见在孟子看来，命是自然而至的，非人之意志与行为所能决定。在这个极其强大的、难以抗拒的、不可知又无所不在的命运面前，人类作为有限存在的个体必然会产生不安全感、痛苦和失望。因此对于有限存在的个体来说，命运就成为一种无可逃避的事实。而儒家思想的意义，不在于揭示出命运的盲目必然性给人造成的痛苦，而在于指明个体可以通过自己的努力和道德修养来积极应对不可预测的命运。如此一来，道德的神圣性意义在命运面前得到了进一步彰显。于是，孔子强调"不知命，无以为君子"（《论语·尧曰》）②，孟子强调"无义无命"（《孟子·万章上》）③。在儒家看来，人可以通过符合道德的适当抉择，去赢得自己应有的命运，道德之于人的重要价值得以具体化呈现。

由"天命"发展到"命"的基本逻辑过程，充分反映出传统儒家对待"命"的基本态度发生了变化。前文已述，在以德配天的基本框架下，个体的道德行为与善恶的结果成为一种具有因果决定关系的逻辑结构，个体的道德努力虽然无法改变命运所决定的结果，但即便如此，个体仍应通过不断修养自己的德行来积极面对命运的不确定性。

既然命运是不可抗拒与不可改变的，那么，个体应当如何面对命运的不可抗拒性与不可改变性呢？孟子提出的应对之策就是"立命"。

> 孟子曰："尽其心者，知其性也。知其性，则知天矣。存其心，养其性，所以事天也。夭寿不贰，修身以俟之，所以立命也。"
>
> 孟子曰："莫非命也，顺受其正，是故知命者不立乎岩墙之下。尽其

---

① ［宋］朱熹：《四书章句集注》，第 308 页。
② ［宋］朱熹：《四书章句集注》，第 195 页。
③ ［宋］朱熹：《四书章句集注》，第 311 页。

道而死者，正命也；桎梏死者，非正命也。"①

孟子把"命"分成两种：一种是正命，另一种是非正命。举例来说，尽力行道而死就是正命；受刑而死则是非正命。对于君子来说，尽自己的心，就是觉悟到了自己的本性；觉悟到了自己的本性，就是懂得了天命。因此，保持自己的善心，涵养自己的本性，就是君子对待天命的方法。孟子由此提出，修身养性等待天命，就是确立正常命运的方法。除了立命外，孟子还提出"知命而顺受其正"的主张，即认识和尊重命运的客观必然性，尽力修身行道，通过不断完善自身的道德修养来对抗命运的不公。正如傅佩荣所言："孟子一生致力于揭示人的特殊品性，怎么可能受阻于盲目的命运观念呢？"②

因此可以说，立命就是确立对待命运的正确态度，其与个体的精神价值（孟子所说的道德）是密切相关的。从这个意义上来说，确立对命运的正确态度，就是确立自身的价值立场。而自我价值的确立，对个体如何在现实世界中生活具有重要的指导意义。

①　［宋］朱熹：《四书章句集注》，第349—350页。
②　傅佩荣：《儒道天论发微》，（台北）学生书局，1985，第145页。

第四节　和乐

在中国古人看来，生活的最高境界就是"乐"。但需要指出的是，并不是所有的"乐"都可以成为一种理想化的生活境界，唯有和乐才可以。中国古典哲学家对"和乐"的探讨非常丰富，鉴于儒家思想是中国传统社会的主流思想，我们在这里主要以儒家为例，来探讨"和乐"的生活境界问题。

我一直认为，儒学的真精神是"乐"，这种"乐"源自儒家对生活世界本身的重视和关注。从孔子开始，儒家就十分强调"乐"的精神。例如：

子曰："学而时习之，不亦说乎？有朋自远方来，不亦乐乎？人不知而不愠，不亦君子乎？"（《论语·学而》）①

上段引文出自《论语》第一章《学而》，《学而》章在全书中是具有代表性意义的。② 从形式上来说，《学而》章以"学"字开头，充分表明儒家对"学"给予了特别大的关注。从内容上来看，《学而》章所呈现出来的就是"乐"的精神。从一个人的经验生活来看，"学而时习之""有朋自远方来""人不知而不愠"这三层描述，既有经验知识的学习，又有人际交往，又有自我体认，可以说涵盖了人的整个经验生活世界。从这个意义上来说，生活的本质特征就是快乐。

孔子周游列国期间，真可谓栖栖惶惶，累累如丧家之犬，但他内心深处始终充满了传播和实践儒学的快乐，这也成为支撑孔子周游列国的根本动力。孔子对颜回的肯定，正是基于这一点。

---

① ［宋］朱熹：《四书章句集注》，第47页。

② 《论语》文本以《学而》为第一篇，以《尧曰》为最后一篇，这一文本建构逻辑体现了孔子由"学以成人"至"学以成圣"的治学宗旨。这是我们在读《论语》时，需要着意把握的一个重要问题。

> 子曰："贤哉回也！一箪食，一瓢饮，在陋巷，人不堪其忧，回也不改其乐。贤哉回也！"（《论语·雍也》）①

这里的"回也不改其乐"，指的是任何环境都改变不了颜回一心向道的乐趣。从某种意义上来说，这也是儒家最重要的传统②。

一提起宋明理学，人们首先关注的是其对于本体论的精彩探讨以及北宋中期的儒学复兴运动。其实，儒学复兴运动甫一开始，理学家们就注意到了孔子、颜回身上所具备的快乐精神。被尊称为"理学派开山鼻祖"的周敦颐就在《通书》中对"颜子之乐"进行了深入解读：

> 颜子一箪食，一瓢饮，在陋巷，人不堪其忧而不改其乐。夫富贵，人所爱也；颜子不爱不求，而乐乎贫者，独何心哉？天地间有至贵至爱可求而异乎彼者，见其大而忘其小焉尔。见其大则心泰，心泰则无不足；无不足，则富贵贫贱，处之一也。处之一，则能化而齐，故颜子亚圣。（《通书·颜子第二十三》）③

按照周敦颐的说法，"天地间有至贵至爱可求"的东西，那就是道。颜回的乐处，就是对圣人之道的体认和追求，圣人之道由此成为颜回生活中最重要的价值。无论身处何种艰难的境地，颜回的内心始终以求道为乐，

---

① ［宋］朱熹：《四书章句集注》，第 87 页。

② 由于自汉代以来，儒学在传统政治格局中起到了极为重要的作用，儒学又被称作政治儒学。从儒家本身的义理和历史的基本事实来说，这个说法是没有问题的。但是，如果从孔子和颜回的形象来考察，儒家首先立足于现实生活层面。也就是说，儒家留给我们的最大精神财富就是其对人心的意义，以及对于经验生活的态度——快乐的精神。从这个角度来说，能否与现代人的内心产生共鸣，就是儒学能否实现现代转化的重要前提。因此，与政治儒学相比，生活儒学更能呈现出儒学对现实人生的关注，更有利于促进儒学的现代转化。

③ ［宋］周敦颐：《周子通书》，上海古籍出版社，2000，第 38 页。

这种快乐使颜回被尊为儒家的"亚圣"。据程颢回忆，周敦颐经常让自己和胞弟程颐思考"孔颜乐处"这一问题。

> 昔受学于周茂叔，每令寻仲尼、颜子乐处，所乐何事。(《二程集》)[1]

"寻孔颜乐处"这一命题一经周敦颐提出，便成为宋明理学家反复追问探讨的一个重要话题。周敦颐曾要求程颐、程颢"寻孔颜乐处，所乐何事"，遂使"二程之学亦由此而发"。因此可以说，"寻孔颜乐处"就是贯穿宋明理学发展过程的一条主线。

宋明理学家普遍认为，"孔颜乐处"指的是孔子和颜回经由对圣人之道的体认而达至的一种精神状态、精神境界，这种境界让他们脱离了一般世俗意义上的快乐，获得了内心的平静和愉悦。从这个角度来说，宋明理学家将"孔颜之乐"视作经由道德实践工夫而达至的精神境界。

在经验世界中，快乐首先表现为一种经验性的、欲望性的感知，这种快乐和孔颜之乐（作为一种精神境界的快乐）有哪些不同呢？王阳明对二者进行了对比辨析：

> 来书云：昔周茂叔每令伯淳寻仲尼颜子乐处。敢问是乐也，与七情之乐同乎否乎？若同，则常人之一遂所欲，皆能乐矣，何必圣贤？若别有真乐，则圣贤之遇大忧大怒大惊大惧之事，此乐亦在否乎？且君子之心，常存戒惧，是盖终身之忧也，恶得乐？澄平生多闷，未常见真乐之趣，今切愿寻之。
>
> 乐是心之本体。虽不同于七情之乐，而亦不外于七情之乐。虽则圣贤别有真乐，而亦常人之所同有。但常人有之而不自知，反自求许多忧苦，自加迷弃。虽在忧苦迷弃之中，而此乐又未尝不存。但一念开明，

---

[1] ［宋］程颢、［宋］程颐：《二程集》，第16页。

反身而诚，则即此而在矣。每与原静论，无非此意。而原静尚有何道可得之问，是犹未免于骑驴觅驴之蔽也。(《传习录》中，第一六六条)①

上述文字描述的是王阳明和弟子陆澄（字原静）之间关于孔颜之乐的讨论。陆澄是徐爱去世后，王阳明最得力的弟子。王阳明自称："日仁（徐爱）殁，吾道益孤，至望原静者不浅。"（《明儒学案》卷十）在这里，陆澄提出了三个问题：孔颜之乐与七情之乐是否相同？君子在戒慎恐惧时，孔颜之乐是否依然存在？怎样找到孔颜之乐？王阳明首先指出："乐是心之本体。"从这个意义上来说，乐就是良知，就是人的本体。乐的本体在圣人和普通人身上的呈现状态并不相同，在圣人那里，乐就在当下，而普通人常常因种种原因而忘记乐。但无论如何，作为本体的乐都是永恒存在的。只要能够做到反身而诚，心体当下澄明，乐自然就会呈现出来。接着，王阳明阐述了孔颜之乐与七情之乐的关系。作为本体的乐虽然不同于经验生活中的七情之乐，但又必然存在于七情之乐中。这就意味着孔颜之乐并非独立存在于经验生活之外，而是存在于经验生活之中，就是每个人的良知本体。在此种情形下，非要去寻找孔颜乐处，无疑是骑驴找驴的行为。王阳明的"乐是心之本体"思想，将"乐"从境界、效验的层面提升到本体论层面，是对宋明理学"孔颜乐处"思想的突破与超越。按照王阳明的阐述，"孔颜乐处"并不是道德行为实践后呈现出来的一个结果，其就是良知本体。当人们能够发明本心的时候，乐就在当下，无须外求。

王阳明所说的作为本体的"乐"的境界与周敦颐所强调的经由个体的道德实践所达到的"乐"的境界，虽然在理论形式上存在差异，但从实质上来说，二者都是指人在欲望之外所获得的快乐，也就是一种和乐的境界。对和乐境界的推崇，饱含着中国古人对生活理想的寄托和期待。

---

① ［明］王阳明：《王阳明全集》，第69—70页。

第八讲　作为一种审美境界的和合

中国古典哲学的基本精神以及中国社会的事实状态，共同决定了中国人的审美（或者说艺术）理念跟西洋人之间存在根本上的差别。唐君毅先生对这一点有着清晰的认识：

中国诗人哲人之观自然，原不视自然为诸力争衡之场所，故亦不注重自表现自然力、自然生命力之景物观天地之大美。中国人所喜之自然与艺术美，皆期其物质材料最少者，故波西尔著《中国美术》，曾特称美中国雕刻之精致。中国雕刻中，恒于小方金铜、玉石、象牙、犀角上雕精美之字画。而所谓神镌者，能于径寸之面积内，刻数百字或赤壁泛舟图。中国之书画，恒以寥寥之数种点线，表层出不穷之意境。中国音乐多以微弱之振动，达深厚之情。推而极之，遂有陶渊明之"但识琴中意，何劳弦上音"之音乐观。中国诗文，尤善于以文约义丰见长，绝诗二三十字，恒能出神而入化，故多以一字而为人师之故事。而人或以为崇尚此类之美，始于宋元以后，且表示中国民族精神力量、心力之衰弱，故不能摄受表现无尽生命力之自然美、艺术美。斯言非无理据，而不必尽然。盖艺术中之纳大于小，亦依于一至高度之精神力量与心力。即就自然之审美言，吾人亦可谓于最少物质，见更多之美，表现更丰富之精神活动或心之活动。魏晋人所谓"会心处不必在远，翳然林水，便自有濠濮间想"，乃一善于移情于物，使"小者亦大"之言。心力富而善移情者，故能视盆景如长林丰草，观流泉即瀑布长江，于一丘一壑，见泰山沧海。太虚之中，烟霞之里，皆为精神之所运，乃见山川灵气之往来，天地化机之流行。则谓此类美之崇尚，见中国人精神力、心力之衰弱，未必是也。依先秦哲人之教，儒者固言万物并育并行之道，庄子亦言彼是双成，万物一体之意。循乎此教，则其表现于审美意识者，自当于人物之间，别之以理，亦通之以情。艺术精神之下，寄情万物，皆以养德。乐于观物之并育并行，而不喜观其相凌驾以相争。不重单纯之自然力、自然生命力之表现，而能于至小以观至大，于一物见一太极。于是于自然界无往而不见此心仁德之流行，而未尝见万物之相碍而相忍，此即中国古人对自然之审美之最重要精神所在，而亦遥通于中国政教礼乐之大原者。[①]

按照唐君毅先生的描述，中国人的政教礼乐精神和哲学立场决定了中国的艺术精神。从这个意义上来说，中西方艺术的审美差异，根源于中西方社会的特点与中西方思想之特质。方东美先生同样认为：

综合上述所言，可见中国人对于美的看法，尽可在儒家与道家的伟大系统中得到印证，简单来说，不论在创造活动或欣赏活动，若是要直透美的艺术精神，都必须先与生命的普遍流行浩然同流，据以展露相同的创造机趣，凡是中国的艺术品，不论它们是任何形式，都是充分地表现这种盎然生意。一切艺术都是从体贴生命的伟大处得来的，我认为这是所有中国艺术的基本原则，甚至在中国佛教的雕塑、壁画与绘画，也不例外。[②]

在方东美先生看来，中国的艺术精神和生命本身息息相关，展现的是基于生命事实的生生之美。生命是艺术之源，中国人的宇宙观、中国的传统哲学都洋溢着生命的精神，在此基础上的中国艺术也是充满着不尽的生意的。因此可以说，重视生命就是中国艺术的精神命脉。

生命本身就是一种艺术形式，生命的本质是和谐，中国的艺术精神始终立足于和谐的美感，立足于生命的动态和谐之中。有鉴于此，本讲主要

---

① 唐君毅：《中国艺术精神》，载氏著：《中国文化之精神价值》，正中书局，1981，第296—298页。

② 方东美：《生生之美》，第295—296页。

以生命和谐为基点，来详细考察作为审美境界的和合是如何在中国的艺术精神中得到表达的。

第一节　与物同体：和合审美境界的基础

一说起中国古人的审美，很多人就会想到天人合一、与物同体这两个观念。从哲学的角度来说，这两个观念对中国古人的思想观念和行为方式具有奠基性的意义。正如方东美先生所指出的那样：

> 我们所安生的宇宙，就如前面再三所说，乃是生生不已、新新相续的创造领域，所以我们有充分的理由相信，任何生命的冲劲，都无挫败的危险，任何生命的希望，都有满足的可能，任何生命的理想，更有实现的必要。所谓"保合太和，各正性命"（《性训生》），才是我们宇宙全体应有的生命气象。
>
> 正因为中华民族慧命寄托在此伟大而完满的宇宙，所以才能效法宇宙的伟大完满，顶天立地，奋进不已，而趋于至善，纵然民族生命间或遭受外来的胁迫，险象环生，但我们更能取法天地生物之心，而化险为夷，转危为安，所谓危机危机，危中有机，正是天地生物之心的最佳写照。
>
> 要之，拿我们的学说来和古希腊和近代欧洲比较，我们可以确切地肯定：我们所了解的宇宙，是可能的宇宙中最好的一个，我们所体会的生命，是一直上进向善的生命，没有任何宗教思想，可以使我们看低宇宙的价值——即使是其现实部分亦然，也没有任何科学推论，可以使我们否定人生的意义，我们自觉已经充分把握住宇宙人生之美与伟大，所以在宇宙中，我们脚跟站得非常稳定，而我们人生哲学的基础，也确立得非常坚实。[1]

方东美先生的论述中有两个需要特别注意的地方：首先，生生不已既

---

[1] 方东美：《生生之美》，第 183—184 页。

是宇宙的根本属性，也是中国哲学的基本精神。其次，中国人的人生哲学之所以是充满生命力的，是因为其与天地的大化流行是一致的，是根源于"天地生物之心"的。因此在中国古人看来，唯有"保合太和，各正性命"（《性训生》），才是整个宇宙应有的生命气象。

张立文先生对"保合太和，各正性命"的解释是：宇宙万物各自得到真正的性和命，若能保持最大的和合，便大吉大利，万物生长，万国安宁。从这个角度来说，中国人的生命哲学是以天人合一为基础的。天地的大化流行、生生不息，就是中国人的精神源泉。这一境地表现在审美上，就构成了中国人审美精神的基础。人们在探讨中国古典审美精神的特质时，经常会提及孔子"吾与点"的感叹。据《论语·先进》记载：

> 子路、曾晳、冉有、公西华侍坐。子曰："以吾一日长乎尔，毋吾以也。居则曰：'不吾知也。'如或知尔，则何以哉？"子路率尔而对曰："千乘之国，摄乎大国之间，加之以师旅，因之以饥馑；由也为之，比及三年，可使有勇，且知方也。"夫子哂之。"求，尔何如？"对曰："方六七十，如五六十，求也为之，比及三年，可使足民。如其礼乐，以俟君子。""赤，尔何如？"对曰："非曰能之，愿学焉。宗庙之事，如会同，端章甫，愿为小相焉。""点，尔何如？"鼓瑟希，铿尔，舍瑟而作，对曰："异乎三子者之撰。"子曰："何伤乎？亦各言其志也！"曰："莫春者，春服既成，冠者五六人，童子六七人，浴乎沂，风乎舞雩，咏而归。"夫子喟然叹曰："吾与点也。"三子者出，曾晳后。曾晳曰："夫三子者之言何如？"子曰："亦各言其志也已矣！"曰："夫子何哂由也？"曰："为国以礼，其言不让，是故哂之。唯求则非邦也与？安见方六七十，如五六十而非邦也者？唯赤则非邦也与？宗庙会同，非诸侯而何？赤也为之小，孰能为之大？"[①]

---

① [宋] 朱熹：《四书章句集注》，第129—131页。

　　根据《先进》章的描述可知，孔子弟子们的性格特质不同，志向也各异。曾点用富有诗意的语言，描绘了春光明媚、惠风和畅、天人和谐的美好图景，点出了自己的理想与志趣。从言志的场景和志向的具体内容来看，曾点都是充满了艺术精神（或者说艺术气息）的。孔子听完曾点的描述后，感慨地说"吾与点也"。朱熹在《论语集注》中对"曾点气象"进行了深入探讨：

　　　　曾点之学，盖有以见夫人欲尽处，天理流行，随处充满，无少欠阙。故其动静之际，从容如此。而其言志，则又不过即其所居之位，乐其日用之常，初无舍己为人之意。而其胸次悠然，直与天地万物上下同流，各得其所之妙，隐然自见于言外。视三子之规规于事为之末者，其气象不侔矣，故夫子叹息而深许之。①

　　朱子盛赞曾点"胸次悠然，直与天地万物上下同流，各得其所之妙，隐然自见于言外。视三子之规规于事为之末者，其气象不侔矣"。在朱子看来，曾点用艺术化、审美化的方式表达了自己希望与天地大化流行为一的志向，其志向体现了人与自然和谐共生的理念。而子路、冉有、公西华三人的志向分别体现了孔子安民、富民、教民的思想，追求的是人的"器皿"之用。故朱熹《论语集注》引程颐之言曰："三子皆欲得国而治之，故夫子不取。曾点，狂者也，未必能为圣人之事，而能知夫子之志。故曰浴乎沂，风乎舞雩，咏而归，言乐而得其所也。孔子之志，在于老者安之，朋友信之，少者怀之，使万物莫不遂其性。曾点知之，故孔子喟然叹曰：'吾与点也。'"②孔子的志向是"老者安之，朋友信之，少者怀之，使万物莫不遂其

---

　　① ［宋］朱熹：《四书章句集注》，第130页。

　　② ［宋］朱熹：《四书章句集注》，第131页。

性"，这一志向可用"乐得其所"来概括。曾点用"浴乎沂，风乎舞雩，咏而归"的艺术形式将孔子的这一精神追求具象化地表达了出来，因此朱子盛赞曾点气象"直与天地万物上下同流，各得其所之妙，隐然自见于言外"。这既是道德境界、审美境界，也是艺术的境界。徐复观先生认为，孔子认同的是曾点的艺术精神，感叹的是曾点的艺术境界。

　　按朱子是以道德精神的最高境界，亦即是仁的精神状态，来解释曾点在当时所呈现的人生境界。若果如此，则孔子何以只许颜渊以"其心三月不违仁"，而未尝以此许曾点？实际，朱元晦对此作了一番最深切的体会工夫；而由其体会所到的，乃是曾点由鼓瑟所呈现出的"大乐与天地同和"的艺术境界；孔子之所以深致喟然之叹，也正是感动于这种艺术境界。此种艺术境界，与道德境界，可以相融合；所以朱元晦顺着此段文义去体认，便作最高道德境界的陈述。一个人的精神，沉浸消解于最高艺术境界之中时，也是"物我合一"，"物我两忘"，可以用"人欲尽处，天理流行，随处充满，无稍欠缺"这类的话去加以描述。但朱元晦的态度是客观的，体认是深切的；于是在他由体认所领会到的曾点的人生意境，是"初无舍己为人之意"，是不"规规于事为之末"；这又分明是"不关心的满足"的艺术精神，而不是与实践不可分的道德精神。由此也可以了解，艺术与道德，在最高境界上虽然相同，但在本质上则有其同中之异。朱元晦实际已体认到了，领会到了，但他只能作道德的陈述，而不能说出这是艺术的人生，是因为孔子及孔门所重视的艺术精神，早经湮没不彰，遂使朱元晦已体认到其同中之异，却为其语言表诠之所不及。①

　　按照徐复观先生的观点，孔子之所以发出"吾与点也"的感叹，是认

---

① 　徐复观：《中国艺术精神》，华东师范大学出版社，2001，第11—12页。

同曾点由鼓瑟所达至的"大乐与天地同和"的艺术境界，沉浸消解于此一艺术境界之中的人，会体认到"物我合一""物我两忘"的精神至境。朱子已经体认到了孔门所倡导的礼乐精神，但是在他生活的时代，孔门的礼乐精神早已湮没不彰，所以自己也无法将之恰当地彰显出来。

在与天地合一（或者说与物同体、物我两忘）的情形下，自然界（或者说宇宙万物）相对于人而言，是一种审美的对象，人从自然界中可以感受到天地那种生生不已的力量，而朱子所谓的"曾点气象"，则是在最高境界上的艺术与道德的统一。从这个角度来说，与宇宙为一，与造化同流，不仅是一种道德意义上的完善，而且是个体在审美意义上达到的一种美妙境地，此即所谓的"天地有大美而不言"①。唯有这样的艺术精神，才是真正意义上的中国审美精神。

难怪，不论是哪一种中国艺术，总有一股盎然活力跳跃其中，蔚成酣畅饱满的自由精神，足以劲气周冲，而运转无穷！所有这些都代表了一种欣赏赞叹，在颂扬宇宙永恒而神奇的生命精神。就是这种宇宙生意，促使一切万物含生，百化兴焉。中国艺术家正因能参赞化育，与此宇宙生命浑然同体，浩然同流，所以能昂然不朽于美的乐园之中。纵观中国艺术，即使在"技术"语言系统中，不论色彩、线条、轮廓、音质、距离与气韵，也都在尽情地表达这种宇宙观念，"它是对整体性的一种观点，也是对人类私欲偏见的一种超脱，对精神怡然自得的一种提升。"这是所有中国艺术的通性，不限于绘画，也不限于某一时期、某一学派。②

方东美先生正是立足于生命精神，提出了"中国艺术家正因能参赞化育，与此宇宙生命浑然同体，浩然同流"的主张。也就是说，中国艺术家

---

① ［清］郭庆藩：《庄子集释》，中华书局，1961，第 735 页。
② 方东美：《生生之美》，第 297 页。

深通生命与宇宙的直透之法，深体天人合一之道，因此中国的艺术精神可以表达为宇宙生命的宣泄、生命机趣的表露以及大化流行的描绘。

这种与物同体、生生不息的艺术精神，与中国人对"道"的认识和把握是一致的。从艺术审美的角度来说，"道"实际上规定或者说限定了中国人的艺术精神的表达。中国古人认为，"道"是宇宙的本源，是天地万物的本源，天地万物皆由"道"所生。因此，"道"可以作用于世间的一切事物，自然也可以作用于人的艺术精神和审美境界。徐复观先生以老庄思想作为切入点，详细阐述了中国人的艺术精神：

> 儒道两家，虽都是为人生而艺术，但孔子是一开始便是有意识地以音乐艺术为人生修养之资，并作为人格完成的境界。因此，他不仅就音乐的自身以言音乐，并且也就音乐的自身以提出对音乐的要求，体认到音乐最高的意境。因而关于先秦儒家艺术精神的把握，便比较显明而容易。庄子则不仅不像近代美学的建立者，一开始即以美为目的，以艺术为对象，去加以思考、体认，并且也不像儒家一样，把握住某一特定的艺术对象，抱定某一目的去加以追求。老子乃至庄子，在他们思想起步的地方，根本没有艺术的意欲，更不曾以某种具体艺术作为他们追求的对象。因此，他们追求所达到的最高境界的"道"，假使起老、庄于九原，骤然听到我说的"即是今日之所谓艺术精神"，必笑我把他们的"活句"当作"死句"去理会。不错，他们只是扫荡现实人生，以求达到理想人生的状态。他们只把道当作创造宇宙的基本动力；人是道所创造，所以道便成为人的根源地本质；克就人自身说，他们先称之为"德"，后称之为"性"。从此一理论的间架和内容说，可以说"道"之与艺术，是风马牛不相及的。但是，若不顺着他们思辨的形上学的路数去看，而只从他们由修养的工夫所到达的人生境界去看，则他们所用的工夫，乃是一个伟大艺术家的修养工夫；他们由工夫所达到的人生境界，本无心于艺术，

却不期然而然地会归于今日之所谓艺术精神之上。也可以这样说，当庄子从观念上去描述他之所谓道，而我们也只从观念上去加以把握时，这道便是思辨的形而上的性格。但当庄子把它当作人生的体验而加以陈述，我们应对于这种人生体验而得到了悟时，这便是彻头彻尾的艺术精神。并且对中国艺术的发展，于不识不知之中，曾经发生了某程度的影响。但因为他们本无心于艺术，所以当我说他们之所谓道的本质，实系最真实的艺术精神时，应先加两种界定：一是在概念上只可以他们之所谓道来范围艺术精神，不可以艺术精神去范围他们之所谓道。因为道还有思辨（哲学）的一面，所以仅从名言上说，是远较艺术的范围为广的。而他们是面对人生以言道，不是面对艺术作品以言道；所以他们对人生现实上的批判，有时好像是与艺术无关的。另一是说道的本质是艺术精神，乃就艺术精神最高的意境上说。人人皆有艺术精神；但艺术精神的自觉，既有各种层次之不同，也可以只成为人生中的享受，而不必一定落实为艺术品的创造，因为"表出"与"表现"，本是两个阶段的事。所以老、庄的道，只是他们现实的、完整的人生，并不一定要落实而成为艺术品的创造。但此最高的艺术精神，实是艺术得以成立的最后根据。并且就庄子来说，他对于道的体认，也非仅靠名言的思辨，甚至也非仅靠对现实人生的体认，而实际也通过了对当时的具体艺术活动，乃至有艺术意味的活动，而得到深的启发。①

在徐复观先生看来，儒家和道家对艺术的态度是截然不同的，孔子将艺术教化当作君子人格修养过程中的重要环节，而老庄所追求的"道"，就是最高的艺术精神。按照徐复观先生的表述，"道"的本质就是艺术精神。因此，徐复观先生在《中国艺术精神》一书中对老庄作出了高度评价："庄子所追求的道，与一个艺术家所呈现出的最高艺术精神在本质上是完全相

---

① 徐复观：《中国艺术精神》，第29—30页。

同的。对儒家而言，或可称庄子所成就为'纯艺术精神'。""老庄所建立的最高概念是'道'，他们的目的，是要在精神上与道为一体，亦即是所谓'体道'，因而形成'道的人生观'，抱着道的生活态度，以安顿现实的生活。说到道，我们便会立刻想到他们所说的一套形上性质的描述。但是究极地说，他们所说的道，若通过思辨去加以展开，以建立由宇宙落向人生的系统，它固然是理论的、形上学的意义（此在老子，即偏重在这一方面），但若通过工夫在现实人生中加以体认，则将发现他们之所谓道，实际是一种最高的艺术精神，这一直要到庄子而始为显著。"①

正是在"道"的基础上，"天地与我并生，而万物与我为一"②。从这个角度来说，正是在"体道"的意义上，我们才能真切感受到万物造化一体的生命真谛。宗白华先生在《艺境》中指出："大艺术家最高的境界，是他直接在宇宙中观照的超形象的美。"③正是在这个意义上，天地万物才能成为一种艺术审美的境界，而不是一种认识的意义（或者其他功能性的意义），这就是中国艺术精神的内在基础。天地万物合一，造就一个生生不息的生命境界，成就一种独特的审美视野。

---

①　徐复观：《中国艺术精神》，第 29 页。

②　[清] 郭庆藩：《庄子集释》，第 79 页。

③　宗白华：《艺境》，北京大学出版社，1987，第 74 页。

第二节　感同身受：和合审美精神的展开

和合审美精神是建立在天人合一、与物同体的基础之上的，它植根于人的现实生命（生存和实践），而升华为超越性的精神追求。个体应当如何做，才能符合和合审美精神的要求呢？这就要从"感"着手了。

既然"天地与我并生，而万物与我为一"，那么，人们应如何去认识天地万物呢？辨析与感通就是中国古人认识天地万物的两个重要方法，其中辨析是纯粹思维的兴趣，会破坏生命本身的完整性，会破坏生生不息的生意，从而导致人们无法获得真正的审美愉悦。因此，中国古人以"感"为切入点来认识天地万物。《说文解字》对"感"的解释是："感，动人心也。"这就意味着"感"是"人心"之"动"，是外界事物在人们思想情绪上引起的反应。前文已述，唐君毅先生由心灵感通于境界而建立了"心灵九境"的形而上学体系，这一体系为我们提供了一种全新的思考人类存在和心灵哲学的路径。唐君毅先生指出：

> 吾人今若不执心对物之表象与其所反映之性相之为实，知其亦有对心为空之义，则：吾人心之通外，不须说是以对物有所感受，而感觉得其"表象"或"相之反映"为始，如康德所说；而当说是以：吾人生命存在之有所直接感通为始。此所直接感通者，即是境之相。此相之反映或表象，乃人于感通之境之相，起一心之执着，而连于此执着所成之名，此非原始之直接感通之境之相。此所谓直接感通，初亦只是一般所谓感觉之感通；一般所谓物之冷热声色之感相，固是此感觉之感通之境。然此感觉之感通，不限于以此冷热声色之感相，为其所感通。此感觉之感通，乃既感此感相，而更通过之，以使此感相之实成为虚，而感通之事，通及于其外之虚及空，亦通至此感相之实之相续生起，所自之"能"之"体"，而此感觉即有如在虚空中自进行。此人之生命存在之感觉，能感

实而通过之，以及于虚，而兼此虚实，以为其所感觉感通之境，即此心灵自开通，以直下通内外之事。此心灵自开通，而其感觉感通之"能"自现，其所开所通之"境"亦次序现。此境、此感觉之能之自开通后，其能之所运与所在，亦即有此感觉之吾人生命存在之所在。①

唐君毅先生认为，"感通"就是"通内外之事"。心对境的感通过程主要分为两步：第一步：先虚后实、先阴后阳、先隐后显、先屈后伸、先消极后积极；第二步：虚实相生、阴阳互构、隐显相依、屈伸相感、正反相承，形成不息不已的感通之流。唐先生通过"心灵九境"说，圆融地实现了对于生命存在的建构。"感"作为人心与外界沟通的重要方式，并不局限于某一个层面。《周易·系辞传》曰："易，无思也，无为也，寂然不动，感而遂通天下之故。非天下之至神，其孰能与于此。"②如果说"感而遂通"是一个过程的描述，那么"通"的内容是什么呢？孔颖达在《周易正义》中对"易，无思也，无为也，寂然不动，感而遂通天下之故。非天下之至神，其孰能与于此"这段话的解释是：

> "易无思也，无为也"者，任运自然，不关心虑，是无思也；任运自动，不须营造，是无为也。"寂然不动，感而遂通天下之故"者，既无思无为，故"寂然不动"。有感必应，万事皆通，是"感而遂通天下之故"也。故谓事故，言通天下万事也。"非天下之至神，其孰能与于此"者，言易理神功不测，非天下万事之中，至极神妙，其孰能与于此也。此《经》明易理神妙不测，故云"非天下之至神"，若非天下之至神，谁能与于此也。③

---

① 唐君毅：《生命存在与心灵境界》，第 51 页。
② ［宋］朱熹撰，苏勇校注：《周易本义》，第 147 页。
③ 李学勤主编：《十三经注疏·周易正义》，北京大学出版社，2000，第 335 页。

孔颖达只是将"感而遂通"解释为"有感必应，万事皆通"，并没有指明"通"的内容是什么。不过，《系辞传》中的另一段话，给我们提供了答案。《系辞传》曰："易简而天下之理得矣。天下之理得，而成位乎其中矣。"① 王弼对这段话的解释是："成位至立象也。极易简则能通天下之理，通天下之理，故能成象，并乎天地言其中，则并明天地也。"由"通天下之理"的表述可知，"通"的就是"理"。这是因为天下只是一个理，那就是"一阴一阳之谓道"。用陆九渊的话来说就是："吾心即是宇宙，宇宙即是吾心。东海有圣人出焉，此心同也，此理同也；西海有圣人出焉，此心同也，此理同也；南海北海有圣人出焉，此心同也，此理同也；千百世之上有圣人出焉，此心同也，此理同也；千百世之下有圣人出焉，此心同也，此理同也。"②

"天下只是一个理"的"理"既是简单的，又是神妙的。说它简单，是因为此理乃吾与天地万物所共禀之以有生；说它神妙，是因为此理在不同事物上的表现各不相同。因此，此理很难通过抽象性的辨析来把握，而是要求我们必须回到鲜活的生活事实之中去感受、去把握，"感而遂通"就是在这个意义上说的。

综上所述，"感"是一个动态的行为过程，是在和对象的交互过程中实现的。审美是人在客观的基础上，通过主观的情感表达所体现出来的。从这个角度来说，"感"的关系就是一种审美的关系。我们通常说的"感同身受"，就是在情感的意义上实现的对于对象的理解和把握。和合审美中的"感同身受"，强调的是对于对象的动态的、审美的感知过程，其结果是建立在"感而遂通"基础之上的审美愉悦。

① ［宋］朱熹撰，苏勇校注：《周易本义》，第138页。
② ［宋］陆九渊：《陆九渊集》，第483页。

第三节　意象与意境：和合审美的具体表达

王弼在注解《系辞传》时指出："天下之理得，而成位乎其中矣。成位至立象也。极易简则能通天下之理，通天下之理，故能成象，并乎天地言其中，则并明天地也。"[①] 前文已述，"感"的结果是"通"，"通"的内容是"理"。那么"理"又是什么呢？"道"又是什么呢？"理"和"道"都是无法用语言来准确表达的。用陶渊明的话来说就是："此中有真意，欲辩已忘言。""感"的结果，可能是一种情感的愉悦，这种愉悦也是无法用语言来准确描述的。有鉴于此，王弼提出"寻言以观象，寻象以观意"的主张。《系辞传上》中说，"圣人有以见天下之赜，而拟诸其形容，象其物宜，是故谓之象"[②]，"圣人立象以尽意"[③]。《系辞传下》中说："古者包牺氏之王天下也，仰则观象于天，俯则观法于地，观鸟兽之文与地之宜，近取诸身，远取诸物，于是始作八卦，以通神明之德，以类万物之情。"王弼通过对言、象、意三者关系的反复推演，构建了"得意忘象""得象忘言"的解《易》方法。这一方法与中国古典哲学所推崇的"直观"密切相关。

在中国古人看来，"象"（形象）是很特殊的。在言、象、意三者当中，"象"作为"言"与"意"之间的中介，是对事物本质的直观表现。因此可以说，"象"是认识事物的起点；在把握了"象"之后，我们还要进一步分析其背后的"理"。正如王弼所言："夫象者，出意者也。言者，明象者也。尽意莫若象，尽象莫若言。言生于象，故可寻言以观象。象生于意，故可寻象以观意。意以象尽，象以言著。故言者所以明象，得象而忘言。象者所以存意，得意而忘象。"[④] 在王弼看来，"象"是用来表达"意"的，"言"

---

① 李学勤主编：《十三经注疏·周易正义)》，第306页。

② [宋]朱熹撰，苏勇校注：《周易本义》，第143页。

③ [宋]朱熹撰，苏勇校注：《周易本义》，第149页。

④ [魏]王弼：《周易略例·明象》，载氏著《王弼集校释》（上、下册），中华书局，1980，第609页。

是用来说明"象"的。"言"由"象"产生，因此可以循着"言"来体察"象"；"象"由"意"产生，因此可以循着"象"来体悟"意"。"意"因"象"而得以表达，"象"因"言"而得以展现。因此，"言"就是用来说明"象"的，得到"象"就不用再执着于"言"；"象"就是用来表达"意"的，得到"意"就不用再执着于"象"。因此，"言"和"象"都是工具而已，"意"才是最终所求的东西。换言之，"象"的背后所包含的就是"意"，而"意"需要通过对于"象"的"感"来获得。方东美先生在阐述中国的艺术精神时提出：

> 中国的艺术精神贵在钩深致远，气韵生动，尤贵通过神奇创意，而表现出一个光辉灿烂的雄伟新世界。这个世界绝不是一个干枯的世界，而是一切万物含生，浩荡不竭，全体神光焕发，耀露不已，形成交光相网，流衍互润的一个"大生机"世界，所以尽可洗涤一切污浊，提升一切低俗，促使一切个体深契大化生命而浩然同流，共体至美，这实为人类哲学与诗境中上胜义。……要之，在中国艺术品所要表现的理想美，其内在深意，均在尽情宣畅生命劲气，不但真力贯注，而且弥漫天地。①

因此可以说，中国的传统艺术是写意的艺术。在中国古典美学中，"意象"和"意境"是两个重要的范畴，二者之中总是"意象"在先，"意境"在后。"境"字最初写作"竟"，本义是乐曲终止，引申为"凡事所止、土地所止"之"境"。 如陶渊明有诗曰"结庐在人境，而无车马喧"，所谓"人境"就是人所居住的境域。王昌龄在《诗格》中提出"三境"（"物境""情境""意境"）说：

> 诗有三境。一曰物境：欲为山水诗，则张泉石云峰之境，极丽绝秀

---

① 方东美：《生生之美》，第302—303页。

者，神之于心，处身于境，视境于心，莹然掌中，然后用思，了然境象，故得形似。二曰情境：娱乐愁怨，皆张于意而处于身，然后驰思，深得其情。三曰意境：亦张之于意而思之于心，则得其真矣。[①]

王昌龄根据诗歌所描写的对象，将诗歌的境界分为物境、情境和意境三种。这三种境界分别对应描写自然山水境界的诗，描写人生情感境界的诗，描写内心意识境界的诗。与"物境""情境"相比，"意境"更抽象、更主观，亦更圆融丰满，由此成为中国传统美学的核心范畴。王国维在《人间词话》中对"境界"的描述，至今仍然备受推崇。

古今之成大事业、大学问者，必经过三种之境界。"昨夜西风凋碧树，独上高楼，望尽天涯路"，此第一境也。"衣带渐宽终不悔，为伊消得人憔悴"，此第二境也。"众里寻他千百度，回头蓦见，那人正在灯火阑珊处"，此第三境也。此等语皆非大词人不能道。然遽以此意解释诸词，恐晏、欧诸公所不许也。[②]

在中国古典艺术理论中，"意境"大概包含两个层面的意思：首先，它是一个"境"，应该呈现出一个直观的形象（现象）的世界，这是所有艺术形式的基础。不管是诗词歌赋还是音乐戏剧绘画雕塑等，都是以一种具体的艺术形式来呈现的，这就意味着"境"是具体可感的。其次，在中国传统艺术中，"境"并不像照片那样，是写实的，而是为了表达（或者说传递）某种"理想"或"意念"。而这个"理想"或"意念"，是需要艺术欣赏者自己去把握和赏析的。

综上所述，意象、意境作为中国古典艺术理论中的两个重要范畴，从

---

① 张伯伟编著：《全唐五代诗格汇考》，江苏古籍出版社，2002，第172—173页。

② 王国维：《人间词话》，上海古籍出版社，1998，第6页。

不同的角度反映了中国古典艺术的基本特质，那就是在境、象之上，艺术形式的具体性、动态性均得以完美呈现，而"意"则完全要靠欣赏者自己去领悟和把握。从这个角度来说，艺术作品实际上是由艺术家和欣赏者在"感"的基础上共同创造的。

第九讲　作为一种历史语境的和合

　　和合文化作为中国传统文化的基本精神价值和精髓，是在历史语境中形成、发展和发挥作用的，是一种历史形态的文化。唯有正视和合文化的历史传统，方能挖掘和合文化在当代的价值和意义。张立文先生曾指出，和合文化的传递就是中华传统文化的转生。

　　笔者曾将传统与文化予以分殊，指出从传统相对于自然而言，山川草木、鸟兽虫鱼等自然生成物和日月递照、四时更替、鸟兽生殖、草木枯荣等自然运动、变化，以及雾露霜雪、风雨雷电等自然现象，都不是传统的构成。然而山川经人的开辟、加工、改造，而成为风景区、园林或旅游名胜，草木经人的栽培、改造而成为艺术品或盆景，便是一种文化。在这种园林、名胜、艺术品、盆景中，所体现的某种独具特色的精神、风格、神韵、意境，便构成了某种传统因子、因素，这种因子、因素的总和，便是传统。

　　这里所讲的传统，主要是指一种文化精神，而不是指园林、艺术品、盆景等生成物本身。生成物本身作为固化有形的呈现，其本身已没有变形的活力或创造力，除非经外科手术，拆掉旧的建筑物重建新的。但是蕴涵在园林、艺术品、盆景中的传统文化精神呢，不仅是某一时代人类智慧的结晶，而且是那个时代精神的精华。它是被普遍认同的精神原理和境界，渗透到事物的各个方面，譬如政治、经济、制度、伦理、道德、生活方式、思维方式、心理结构、价值观念、审美情感，以及人与自然、社会、人的关系之中；而且生生不息，和合成新的精神而延续下来，这便是我们所说的不朽的民族精神。

　　…………

　　譬如中华民族的基本文化精神，便是和合或合和，它不是某家某派的文化精神，而是涵摄儒、墨、道、法、阴阳、释各家各派的普遍文化精神。这种文化精神便是追求人与自然的和合，人与社会的和合，人与人的和合，人与自身心灵的和合，以及不同民族文明之间的和合等。这种和合文化精神，便是 21 世纪呼唤的世界文化精神。[①]

　　本讲拟从历史形态的视角，探讨和合文化在历史语境中是怎样形成的，经历了哪几个发展阶段，形成了哪些特色，在思想、文化、社会方面发挥了哪些积极作用。

　　我们可将和合文化的发展过程分为四个阶段。第一阶段是先秦时期，确立了和合理念的基本精神，构建了和合哲学的基本框架。第二阶段是秦汉时期，和合政治架构得以定型，并逐渐成为传统政治理论的中心。第三阶段是魏晋南北朝到宋明时期，儒释道三家以和合为基本手段，兼容他家义理，均演化为极具包容性的思想形态。第四阶段是宋元明清时期，与第三阶段在时间上略有重合，这就意味着在三教融合的同时，作为信仰形式的和合也逐渐渗透到民众的日常生活之中。

---

① 张立文：《中国和合文化导论》，中共中央党校出版社，2001，第 17—18 页。

第一节 先秦时期：和合理念的诞生与和合哲学的建构

先秦时期既是中国文化的开端时期，也是和合文化的开端时期。本节将主要从"六经"的角度，探讨作为精神价值的和合是如何在传统经典中得到确认的。

人们常常用历史悠久、源远流长来评价中国传统文化，这一评价其实是很苍白的。如果不能从思想的内部来透视中国传统文化，就无法真正了解其独特的意义和价值。

和合是中华传统文化的内核和精髓，经典是中华文明传承的主要载体，因此我们要想系统地、深入地把握和合文化，就必须回到传统经典中。

简单来说，"经典"就是指经久不衰的万世之作。"经"字从"糸"从"至"，本义是织布机上的纵线。纺织时，经线保持不动，"经"字由此引申出恒常不变的意思。从这个意义上来说，"经典"就意味着文化价值的传递，只有通过对经典的不断诠释，才能真正把握中华文明的思想内核。

中国文化经典都有哪些？众所周知，中国传统文化的主流是儒释道三家，三家都有自己的经典，如儒家有"十三经"，佛教有《大藏经》，道教有《道藏》等。孔子整理"六经"，奠定了中国传统文化价值系统的基本规模。所谓"六经"，就是《诗》《书》《礼》《乐》《易》《春秋》六部经书。因为《乐经》早已失传，所以流传下来的只有"五经"。后世的"十三经"，就是由"五经"逐渐拓展而来的。"六经"不仅是儒家经典，也是战国诸子的思想资源。先秦以前，"六经"就是贵族子弟的六门必修课，所谓"大学六艺"指的就是六经（礼、乐、射、御、书、数六者则为小学六艺）。因此可以说，六经（艺）就是中国传统文化的经典根据，中国传统文化的融合性即根源于此。孔子删《诗》《书》，定《礼》《乐》，从而定礼、乐、射、御、书、数六门功课教育弟子，"六经"由此成为儒家专用的经典。和合文化的最初依据，也在"六经"之中。

第一，《诗经》是和合生活理想的反映。《诗经》形成于春秋中期，其对中国传统人文精神以及中国文人的精神生活都产生了深远的影响。可以说，创作与品赏诗歌早已成为中国文人不可或缺的人生体验和人文追求。

相传，周代设有采诗之官，每年春天，采诗之官都会摇着木铎深入民间社会收集民间歌谣，把能够反映人民欢乐疾苦的作品整理好后，交给太师谱曲，演唱给周天子听，以之作为施政的参考。从这个意义上来说，《诗经》反映了周初至周晚期约五百年间的社会面貌。

《诗经》按内容可以分为"风""雅""颂"三个部分，其中"风"是从周南、召南、邶、鄘、卫、王、郑、齐、魏、唐、秦、陈、桧、曹、豳这15个地区采集而来的民间歌谣（又称"十五国风"），共160篇；"雅"是宫廷宴享或朝会时的乐歌，按音乐的不同，又分为《大雅》31篇，《小雅》74篇，除《小雅》中有少量民歌外，大部分都是贵族文人的作品；"颂"主要是王室宗庙祭祀的舞曲歌词，内容多为歌颂祖先的功业。

十五国风生动地描述了劳动人民的真实生活状况以及生活理想，无论是对爱情的讴歌，还是对社会不合理现象的揭示、质问和抗议，都反映了劳动人民对美好的爱情、和谐的社会以及和睦的人际关系的期盼。《关雎》中的"关关雎鸠，在河之洲。窈窕淑女，君子好逑"[1]，《硕鼠》中的"硕鼠硕鼠，无食我黍！三岁贯女，莫我肯顾。逝将去女，适彼乐土。乐土乐土，爰得我所"[2]，《东山》中的"亲结其缡，九十其仪。其新孔嘉，其旧如之何"[3]，无不反映了劳动人民对于和合生活的热切向往。

孔子曾说："《诗》三百，一言以蔽之，曰'思无邪'。"[4]这里的"无邪"，就是对和合生活的回归，对理想生活的期待。因此可以说，《诗经》反映了

---

① 李学勤主编：《十三经注疏·毛诗正义》，第22页。

② 李学勤主编：《十三经注疏·毛诗正义》，第373页。

③ 李学勤主编：《十三经注疏·毛诗正义》，第524—525页。

④ ［宋］朱熹：《四书章句集注》，第53页。

民众对和合生活的期待和向往。

第二，《尚书》是和合政治理念的反映。《尚书》即上古之书，所录基本上为虞、夏、商、周各代的典、谟、训、诰、誓、命等文献，是中国最早的政事史料汇编，对中国古典政治和思想产生了极其深刻的影响。学界普遍认为，《尚书》主要包括两个方面的内容。首先，明仁君治民之道。《尚书》主要讲述了尧、舜、禹、汤、文、武、周公是如何以仁政治理天下的，这也成为历代统治者治理国家的基本理念。其次，明贤臣事君之道。君主要依靠贤臣治理天下，贤臣要仰仗君主的识拔才能荷重行远。唯有君臣之间声气相应，相得益彰，百姓才能安居乐业，政权才能稳固长久。

无论禅让制在上古时期是否真实存在，其都是中国古人最理想的权力转移方式。周人为了论证自己取代殷商的合法性，提出"天命靡常，唯德是辅"的主张，道德取代天命成为政治的核心，标志着和合政治进入了新的阶段。禅让强调的是被禅让者的性情和才能，而性情、才能均属于个体的自然属性；而道德完全取决于个体的行为选择，道德的最高境界和最高目标就是和合，和合由此成为中国古人最高的政治理想。从个体到家庭，从家庭到社会，从社会到国家，从国家到天下，莫不强调以和为贵。

第三，《礼记》是社会和谐的反映。人具有自然和社会两种属性，社会属性是人的最主要、最根本的属性，人首先是作为社会人而存在的。用马克思的话来说就是："人的本质不是单个人所固有的抽象物，在其现实性上，它是一切社会关系的总和。"儒家向来强调人与人之间应和谐相处，而礼就是处理人和人之间、人和国家之间关系的基本准绳。荀子从社会功能的角度，阐释了礼的起源："人生而有欲；欲而不得，则不能无求；求而无度量分界，则不能不争；争则乱，乱则穷。先王恶其乱也，故制礼义以分之。"①从本质上来讲，礼就是中国古代社会的典章制度和道德规范，旨在通过规范人的社会行为，协调人际关系，促进社会的和谐有序发展。

---

① ［清］王先谦：《荀子集解》，第346页。

作为"六经"之一的《礼经》，通常是指《周礼》（也称《周官》）。《周礼》记载的是周代的典章制度，共二十卷四十九篇。孔子对周代的典章制度极为推崇，曾说过"周监于二代，郁郁乎文哉，吾从周"①。周代建立之初，统治者吸取殷商灭亡的教训，除了在政治上强调敬德保民外，还以"亲亲""尊尊"为核心，建立了一套严谨而繁复的礼仪制度。其中，"亲亲"是对家族内部成员关系的处理，而"尊尊"是对社会成员关系的处理，由"亲亲"而"尊尊"，饮食、起居、祭祀、丧葬等社会各个方面都被纳入"礼"的范畴之中。如此一来，个体的日常行为与价值取向均被限定在礼的框架之内。

在中国古代社会，礼具有十分重要的意义：它不仅是社会一切活动的准则，也是国家统治的基本依据。因此可以说，中国古代社会就是在礼制的规范下运作起来的。孔子所谓的"礼之用，和为贵"②，直接点明了礼的终极目标就是造就和谐的人际关系与社会秩序。

第四，《乐记》是人心和谐的反映。中国自古以来就是礼乐大国，中国传统文化又被称为"礼乐文化"，中华文明又被称为"礼乐文明"，礼乐之道为中国人确立了共同的价值理念和行为准则。作为"六经"之一的《乐经》，史书称其"亡于秦火"。如此一来，关于中国古代音乐理论的描述，便主要集中在《礼记·乐记》和《荀子·乐论》中，二者共同构成了中国古代音乐理论的核心。《礼记·乐记》与《荀子·乐论》中有些章节的文字高度相似，二者孰先孰后、孰著孰袭至今尚无定论。

关于音乐的起源，《乐记》中称，"凡音之起，由人心生也。人心之动，物使之然也"③。"乐者，音之所由生也；其本在人心之感于物也"④。按照《乐记》的说法，乐是由声音生成的，是人心受到外界事物触动后才产生的。

---

① ［宋］朱熹：《四书章句集注》，第 65 页。

② ［宋］朱熹：《四书章句集注》，第 53 页。

③ 李学勤主编：《十三经注疏·礼记正义》，第 1074 页。

④ 李学勤主编：《十三经注疏·礼记正义》，第 1075 页。

但是，人心因"感于物而动"而产生的声音，只是"音"，而非"乐"。因此《乐记》又曰："感于物而动，故形于声。声相应，故生变，变成方，谓之音。比音而乐之，及干戚羽旄，谓之乐。"① 意谓只有按照一定的音调歌唱、演奏，并举着干（盾牌）、戚（长柄斧）、羽（鸟羽毛）、旄（牛尾）跳舞，才能被称作"乐"。关于乐的本质，《乐记》说："故乐者，审一以定和，比物以饰节，节奏合以成文。"从这个角度来说，乐的本质特点就是"和"。儒家认为，音乐具有教化的功能。"乐在宗庙之中，君臣上下同听之，则莫不和敬；在族长乡里之中，长幼同听之，则莫不和顺；在闺门之内，父子兄弟同听之，则莫不和亲。"② "所以合和父子君臣，附亲万民也，是先王立乐之方也。""是故先王之制礼乐也，非以极口腹耳目之欲也，将以教民平好恶，而反人道之正。"③ 在儒家看来，好的音乐可以使人心归正、家族和睦、君臣和谐。从本质上讲，音乐是表现情感的艺术，"夫乐者，乐也，人情之所不能免也"。④

礼和乐的显著区别在于：礼用来辨别差异、区分等级，使社会秩序化；乐用来统一情感，营造气氛，使社会和谐化。礼旨在对人的外在行为进行规范，乐旨在对人的内在精神进行熏陶。如《礼记·乐记》中的"大乐与天地同和，大礼与天地同节"⑤，充分表明乐侧重于促进人内心的平静与和谐；礼侧重于规范人的等级、限制人的行为。

第五，《周易》中蕴含的天人和合思想。《周易》被称为"大道之源""群经之首"，其主要由《易经》和《易传》两部分组成。其中，《易经》又称《周易古经》，是在专门从事卜筮的巫史们长期经验和记录的基础上逐渐形成的；《易传》又称"十翼"，是对《易经》文字的解释说明。

---

① 李学勤主编：《十三经注疏·礼记正义》，第 1074 页。
② 李学勤主编：《十三经注疏·礼记正义》，第 1145 页。
③ 李学勤主编：《十三经注疏·礼记正义》，第 1081 页。
④ 李学勤主编：《十三经注疏·礼记正义》，第 1143 页。
⑤ 李学勤主编：《十三经注疏·礼记正义》，第 1087 页。

《易经》最初用于占卜。在上古时期，由于生产力水平低下，人们对于事物的发展缺乏足够的认识，只能借由自然界的征兆来指示行动。但自然征兆并不常见，必须借助人为的方式加以验证，占卜之术便应运而生了。占卜作为巫史与神灵沟通的手段，自然蕴含着天人合一的思想。六十四卦的形成过程，是一个在经验累积的基础上不断系统化、理性化的过程。《系辞上传》曰："易有太极，是生两仪，两仪生四象，四象生八卦，八卦定吉凶，吉凶生大业。"从太极到两仪，再到四象和八卦，每个过程都代表着中国古代思维的跨越式进步。在八卦的基础上，巫史们对大量筮辞加以整理、编排和加工，最终形成了六十四卦三百八十四爻。《易经》不仅阐述了宇宙万物的变化规律，还将这些规律应用于人事。从这个角度来说，《易经》实际上是一部"推天道以明人事"的书。

《易经》成书的时间大约在西周初期，《易传》是孔子的弟子和再传弟子所作，最终成书于战国中晚期。《易传》作者对《易经》所反映的巫术文化进行了创造性的哲学转化，使《周易》成为沟通天地人的理论系统和事实系统，并对中国传统文化产生了广泛而深远的影响。

《周易·贲卦·象传》有言："观乎天文以察时变，观乎人文以化成天下。"[1]大意是说观察天地运行的规律，以认知时节的变化；注重伦理道德，使民众的行为合乎文明礼仪。这句话可谓是《周易》"天人合一"思想的形象表达。

第六，《春秋》是和合历史的反映。中国人的时间观念极强，自古便恪守春生、夏长、秋收、冬藏的天时规律。"时"也是《周易》中非常重要的一个哲学观念，所谓"与时偕行"，就是指人的行为要合乎其时。中国的历史文献可谓浩如烟海，不管是官修的二十四史、地方史志还是私人修撰的家谱，都反映了一个重要事实，那就是中国人对于时间（历史）有着特殊的感情。

---

① ［宋］朱熹撰，苏勇校注：《周易本义》，第95页。

在中国社会的早期，就有左史记言、右史记事的制度设计。从经典文献的传承来说，左史记言的成果就是《尚书》，右史记事的成果则是《春秋》，两者都出自史官之手。《春秋》是鲁国的史书，记录了鲁隐公元年到鲁哀公十四年之间的重要史实。而同时期其他国家的史书，则名称各异。孟子就曾说过："晋之《乘》，楚之《梼杌》，鲁之《春秋》，一也。"[1]在孟子看来，晋国的史书《乘》，楚国的史书《梼杌》，鲁国的史书《春秋》，虽然名称不同，但从体例上看，都是编年体史书，都是按照时间顺序来记载历史事件的始末的。

孔子为什么要删定《春秋》呢？[2]前文已述，《春秋》记载了鲁隐公元年自鲁哀公十四年之间共二百四十二年的历史事件。在这二百四十二年当中，鲁国一共有十二位国君，他们分别是隐、桓、庄、闵、僖、文、宣、成、襄、昭、定、哀，统称《春秋》"十二公"。《春秋》为什么会让乱臣贼子恐惧呢？这就涉及孔子在《春秋》中传达的"微言大义"，简单来说就是"正名分"，即按照《周礼》的标准匡正混乱的君臣父子名分，使君臣父子各安其位，使每个人的言论、行为都符合名分的要求。孔子作《春秋》的目的，可以概述为定是非、正名分、明责任。

从春秋笔法以及孔子在《春秋》中表达的微言大义中，我们可以看到历史叙事不是简单的事实描述，而是承载着传递思想和价值的使命。因此，"孔子作《春秋》，而乱臣贼子惧"，背后呈现的是历史叙事不露声色的政治倾向以及中国古人对于和谐历史的推崇。

由上述对"六经"的描述可知，早在先秦时期，就确立了和合哲学的基本框架。先是史伯提出了"和实生物，同则不继"（《国语·郑语》）的主张。经由先秦诸子的创造性阐发，和合哲学得以不断完善。

---

[1] ［宋］朱熹：《四书章句集注》，第 295 页。

[2] ［宋］朱熹：《四书章句集注》，第 272 页。

第二节　秦汉时期：和合作为一种制度化的政治理念

秦始皇统一六国，结束了春秋战国以来诸侯长期混战的局面，建立起我国历史上第一个统一的大帝国——秦朝。秦朝对中国社会的深远影响，不仅体现在制度方面，而且体现在思想文化方面。秦始皇灭齐之后，在是否分封诸侯的问题上，丞相王绾和廷尉李斯提出了不同的主张。最后秦始皇采纳李斯的建议，"不立尺土之封，公天下为郡县"。从制度的意义上来说，这是一个极大的创新，奠定了中国两千多年封建社会政治制度的基本格局。《史记》记廷尉李斯之言曰：

> 周文武所封子弟同姓甚众，然后属疏远，相攻击如仇雠，诸侯更相诛伐，周天子弗能禁止。今海内赖陛下神灵一统，皆为郡县，诸子功臣以公赋税重赏赐之，甚足易制。天下无异意，则安宁之术也。置诸侯不便。(《史记·秦始皇本纪》)

按照李斯的说法，周天子分封诸侯导致王室卑而诸侯起。有鉴于此，他提议待帝国统一后，在全国推行郡县制，"天下无异意，则安宁之术也"。为了统一思想，李斯又提出了"别黑白而定一尊"的主张。施行郡县制与"别黑白而定一尊"，均是大一统帝国应重点关注的"安宁之术"。"安宁之术"涉及多层面的内容，但思想上的统一（"无异意"）无疑是重中之重。从秦代的法家到汉初的黄老，再到武帝时的"罢黜百家，独尊儒术"，所追求的目标都是政治统治的和合。换言之，大一统帝国所追求的最高目标就是政治统治的和合（或者说天下的安宁）。

汉武帝将改造后的儒家思想确定为统治思想，标志着中国传统社会基本统治形态的确立。董仲舒的思想为汉武帝时期的大一统政治提供了重要的理论支撑，下面将围绕董仲舒的思想架构，谈谈和合对中国传统政治的实质性影响。

董氏之学，大抵推天道以明人事，故天人感应之说，乃是其义理结构之必然。但是，天道如何才能贯通于人事之中呢？和合就是天道和人事贯通的关键点，这点董仲舒自己说得非常清楚：

> 凡物必有合。合必有上，必有下，必有左，必有右，必有前，必有后，必有表，必有里。……有寒必有暑，有昼必有夜，此皆其合也。阴者阳之合，妻者夫之合，子者父之合，臣者君之合。物莫无合，而合各相阴阳。……君臣父子夫妇之义，皆与诸阴阳之道。君为阳，臣为阴；父为阳，子为阴；夫为阳，妻为阴。……王道之三纲，可求于天。(《春秋繁露·基义》)[①]

> 天下和平，则灾害不生。今灾害生，见天下未和平也，天下所未和平者，天子之教化不行也。(《春秋繁露·郊语》)[②]

在董仲舒看来，唯有人事合于天道，天下才能安宁，并由此提出天、地、人合一的三才结构理论。可见，和合在董仲舒的政治结构中具有特殊的意义。单就"天人三策"[③]而言，"和"字共 7 见，分别是"故声发于和而本于情，接于肌肤，臧于骨髓"。"上下不和，则阴阳缪盩而妖孽生矣"。"夫上之化下，下之从上，犹泥之在钧，唯甄者之所为，犹金之在熔，唯冶者之所铸。'绥之斯俫，动之斯和'，此之谓也"。"是以阴阳调而风雨时，群

---

① ［汉］董仲舒撰，［清］凌曙注：《春秋繁露》，中华书局，1975，第 432—434 页。

② ［汉］董仲舒撰，［清］凌曙注：《春秋繁露》，第 504 页。

③ 关于"天人三策"的真伪以及撰作时间等，学界有很多争议，兹不赘述，这里仅将《汉书·董仲舒传》的记载视为一个基本的文献，以讨论董仲舒的思想。本节所引"天人三策"材料，均出自班固的《汉书·董仲舒传》(中华书局，1962，第 2495—2523 页)。下文不再一一标注。

生和而万民殖，五谷孰而草木茂，天地之间被润泽而大丰美，四海之内闻盛德而皆徕臣，诸福之物，可致之祥，莫不毕至，而王道终矣"。"众圣辅德，贤能佐职，教化大行，天下和洽，万民皆安仁乐谊，各得其宜，动作应礼，从容中道"。"故遍覆包函而无所殊，建日月风雨以和之，经阴阳寒暑以成之"。"夫古之天下亦今之天下，今之天下亦古之天下，共是天下，古以大治，上下和睦，习俗美盛，不令而行，不禁而止，吏亡奸邪，民亡盗贼，囹圄空虚，德润草木，泽被四海，凤凰来集，麒麟来游，以古准今，壹何不相逮之远也"！

而在《春秋繁露》一书中，董仲舒也多次论及和合。尤其是在《循天之道》①中，"和"字 4 见，"合"字 8 见。

董仲舒基于天人感应学说，主张由天道论人事，对"和"的阐述也是如此。他从天道那里，为"中和"寻得了最坚实的依据。

> 天有两和以成二中，岁立其中，用之无穷。是北方之中用合阴，而物始动于下；南方之中用合阳，而养始美于上。其动于下者，不得东方之和不能生，中春是也。其养于上者，不得西方之和不能成，中秋是也。（《循天之道》）

董仲舒的这段描述，在农耕文明的经验背景之下是非常好理解的。在四季更替的过程中，万物得以出生成长，人类得以生活。这是一般人都能感知到的经验现实，但对这一经验现实进行理论建构，就是思想家（或者说哲学家）的技能了。在这里，董氏用"两和""二中"来揭示这一经验生活。那么，"两和""二中"分别指什么呢？简单来说，"两和"就是春分和秋分，"二中"就是冬至和夏至。按照董仲舒的说法，春夏秋冬循环往复，

---

① 本节所引《循天之道》文字，均出自凌曙所注之《春秋繁露》，第 564—583 页。下文不再一一标注。

构成天道。我们生活经验的时间（年岁）就在"两和""二中"当中循环往复，没有穷尽。春夏秋冬循环往复的内在动力，就是阴阳二气的流转。因此，北方的中 (冬至) 用的与阴气相合，而万物开始在阴气之下活动；南方的中 (夏至) 用的与阳气相合，而万物开始在阳气之上养成。那些在阴气下运动的，不得东方的"和"（春分）不能生长，中春就是这么来的；那些在阳气上养成的，不得西方的"和"（秋分）不能成熟，中秋就是这么来的。

董仲舒不仅用"两和""二中"来描述天道，还用它们完成了一种理论的自觉构建。

> 是故东方生而西方成，东方和生北方之所起，西方和成南方之所养长。起之不至于和之所不能生，养长之不至于和之所不能成。成于和，生必和也；始于中，止必中也。中者，天地之所终始也；而和者，天地之所生成也。夫德莫大于和，而道莫正于中。中者，天地之美达理也，圣人之所保守也。《诗》云："不刚不柔，布政优优。"此非中和之谓与？（《循天之道》）

在上段引文中，董仲舒提出中和就是天道的主张，由此将"中""和"提升到一个特殊的地位。从经验性的描述来说，"起之不至于和之所不能生，养长之不至于和之所不能成"。这就意味着对于万物来说，其生、其成的最根本条件就是"和"；对于万物的生长来说，从"中"开始，也一定以"中"结束。换言之，"中"是贯穿天地万物的原则，"和"是万物生、成的依据。在董仲舒看来，"中"侧重于作为原则和目标而存在，"和"侧重于对生的过程的展开。如果以道和德的概念来类比的话，"和"就是最高的德行，而

"中"则是最为端正的"道"。①因此可以说，"中""和"就是天道的直接表达，就是天地之间最高的道理，就是儒家最高的道德价值。

董仲舒基于四时变化的经验现实，以"两和""二中"为诠释的进路，完成了对天道的理论建构。"中""和"既是天道的直接表达，又是儒家最高的道德价值。如此一来，董仲舒由对天道的经验性解释，进入对天道之自然秩序的理论性建构。而建构这一理论的最终目的，就是将"中""和"确立为人事行为原则的诠释基础。

天道就是中和之道，人类唯有将中和作为最根本的行为方式，贯彻于现实生活之中，天道和人事方能真正实现贯通。

> 是故能以中和理天下者，其德大盛；能以中和养其身者，其寿极命。（《循天之道》）

这段话阐述了用"中和"治国修身的理想结果。董仲舒由此提出，无论是对个体来说还是对整个社会来说，中和都应当成为最根本的价值原则。

不违背天地之道，是人类最基本的行事准则。那么，人类应该怎样效法天道呢？董仲舒从阴阳二气的流转入手，提出了"君子法乎其所贵"的主张。

> 君子法乎其所贵，天地之阴阳当男女，人之男女当阴阳，阴阳亦可以谓男女，男女亦可以谓阴阳。天地之经，至东方之中，而所生大养，至西方之中，而所养大成，一岁四起，业而必于中，中之所为，而必就于和，故曰其要也。和者，天之正也，阴阳之平也，其气最良，物之

---

① 董仲舒对"中""和"的区分和评析，与《中庸》所谓的"喜怒哀乐之未发，谓之中；发而皆中节，谓之和。中也者，天下之大本也；和也者，天下之达道也。致中和，天地位焉，万物育焉"基本上为同一基调。

所生也。诚择其和者，以为大得天地之奉也。天地之道，虽有不和者，必归之于和，而所为有功；虽有不中者，必止之于中，而所为不失。是故阳之行，始于北方之中，而止于南方之中；阴之行，始于南方之中，而止于北方之中。阴阳之道不同，至于盛，而皆止于中，其所始起，皆必于中，中者，天地之太极也，日月之所至而却也，长短之隆，不得过中。天地之制也，兼和与不和，中与不中，而时用之，尽以为功，是故时无不时者，天地之道也。(《循天之道》)

根据董仲舒的描述，四季的变化是由阴阳二气的流转导致的，阴阳二气的流转一定是以"中"为目标而展开的。"中"的运作方式，必然表现出"和"。从这个意义上来说，"和"就是天地之间的正气，万物产生的根源就在于阴阳的"中""和"。从生活经验的事实来看，阴阳二气"不和"是常见的现象，但其流转的结果一定是"和"；阴阳二气即使不"中"，也一定会在"中"的标准上终止。阳气运行，开始于北方之中，而终止于南方之中；阴气的运行，开始于南方之中，而终止于北方之中。阴阳二气的运行规律虽然不同，但都开始于"中"，终止于"中"。"中"与"和"是天地运行与万物化生的根源和动力，只要按照时机来利用"不和"与"不中"，就可以最终达到"和"与"中"的状态。

"和"是"天之正"，是对人类行为的基本要求。从这个意义上来说，"中"就是天道的基本原则，"和"就是天道的具体展开。因此，董仲舒才会说"北方之中用合阴，而物始动于下；南方之中用合阳，而养始美于上"(《循天之道》)。换言之，君子应效法阴阳二气的"中""和"，使整个社会达到和谐的状态。

人事应当效法天道，由"合"而"和"，是董仲舒的基本主张。这一主张在修身方面，得到了最为充分的体现。董仲舒在《循天之道》开篇指出："循天之道以养其身，谓之道也。"在董仲舒看来，"道"并不是一个抽象的概念，而是人治身的根本法则。换言之，人因循上天之道来存养身体，就是道。

天地之道，以阴阳二气造化万物，万物都是秉气而生的。而万物所秉之气，便是中和之气。因此，人的行为应符合中和之道。若是违背中和之道，就会纵情恣意，贻害无穷。

> 举天地之道，而美于和，是故物生皆贵气而迎养之，孟子曰："我善养吾浩然之气者也。"谓行必终礼，而心自喜，常以阳得生其意也。公孙之养气曰："里藏泰实则气不通，泰虚则气不足，热胜则气□，寒胜则气□，泰劳则气不入，泰佚则气宛至。怒则气高，喜则气散，忧则气狂，惧则气慑，凡此十者，气之害也，而皆生于不中和。"（《循天之道》）

董仲舒认为，天地之道，"中和"为美，万物皆以和气为可贵。所谓修养，就是迎养和气。董仲舒引用孟子和公孙尼子的观点，论述了"和"对于个体修养的意义。"我善养吾浩然之气"是孟子的重要主张之一，"浩然之气"与天地之气相交通，强调的是一种内在的道德力量，这种力量来源于对正义和道德的坚持，以及对仁义礼智的实践。而公孙尼子则揭示了养气不中和的十种害处。如人愤怒的时候气就大，欢喜的时候气就分散，忧郁的时候气就张狂，恐惧的时候气就收摄。在此基础上，董仲舒提出了"中和养生"的主张：

> 故君子怒则反中，而自说以和；喜则反中，而收之以正；忧则反中，而舒之以意；惧则反中，而实之以精。夫中和之不可不反如此。故君子道至气则华而上，凡气从心，心、气之君也，何为而气不随也，是以天下之道者，皆言内心其本也。故仁人之所以多寿者，外无贪而内清净，心和平而不失中正，取天地之美，以养其身，是其且多且治。（《循天之道》）

中和之气被破坏后，人就会产生不良情绪，而不良情绪对修身有很大的负面影响，于是董仲舒提出"反中致和"的修养方法。所谓"反中致和"，就是通过用"中"来规范人的行为，来达到气之"和"。什么是气之"和"？根据董仲舒"凡气从心，心，气之君也"的描述，气之"和"就是指内心的平和状态。

《循天之道》曰："和乐者，生之外泰也，精神者，生之内充也。"由此可知，气之"和"主要表现在两个方面：外在形体的和乐以及内在精神的充实。其中，外在形体的和乐是可以通过依循天之道选择食物来实现的。

> 凡天地之物，乘于其泰而生，厌于其胜而死，四时之变是也。故冬之水气，东加于春而木生，乘其泰也；春之生，西至金而死，厌于胜也；生于木者，至金而死，生于金者，至火而死；春之所生，而不得过秋，秋之所生，不得过夏，天之数也。饮食臭味，每至一时，亦有所胜，有所不胜，之理不可不察也。四时不同气，气各有所宜，宜之所在，其物代美，视代美而代养之，同时美者杂食之，是皆其所宜也。故荠以冬美，而茶以夏成，此可以见冬夏之所宜服矣。冬，水气也，荠，甘味也，乘于水气而美者，甘胜寒也，荠之为言济与！济，大水也；夏，火气也，茶，苦味也，乘于火气而成者，苦胜暑也。天无所言，而意以物，物不与群物同时而生死者，必深察之，是天之所以告人也。故荠成告之甘，茶成告之苦也，君子察物而成告谨，是以至荠不可食之时，而尽远甘物，至茶成就也。天所独代之成者，君子独代之，是冬夏之所宜也。春秋杂物其和，而冬夏代服其宜，则当得天地之美，四时和矣。（《循天之道》）

按照董仲舒的描述，天地间的万物均是由元气聚合而成，春天木气旺盛而生之物，到秋天金气旺盛便会死亡；秋天金气旺盛而生之物，到夏天火气旺盛便会死亡。这就是天地之道。万物都要遵循自然的节奏和规律生长，饮食也要顺应天时，符合天道。董仲舒以荠、荼为例，说明依循天之道来选择食物，既是养身的最佳方式，也是保养生命的最好方法，此即所谓的"此中和常在乎其身，谓之得天地泰，得天地泰者，其寿引而长，不得天地泰者，其寿伤而短"（《循天之道》）。

如果说外在形体的养，就是要依循天之道来妥善地选择食物，那么，内在精神的养，就是要使阴阳二气在内心保持平和的状态。

> 故养生之大者，乃在爱气，气从神而成，神从意而出，心之所之谓意，意劳者神扰，神扰者气少，气少者难久矣；故君子闲欲止恶以平意，平意以静神，静神以养气，气多而治，则养身之大者得矣。古之道士有言曰："将欲无陵，固守一德。"此言神无离形，而气多内充，而忍饥寒也。和乐者，生之外泰也，精神者，生之内充也。外泰不若内充，而况外伤乎！忿恤忧恨者，生之伤也，和说劝善者，生之养也，君子慎小物而无大败也，行中正，声向荣，气意和平，居处虞乐，可谓养生矣。（《循天之道》）

董仲舒指出，养生（身）的关键，就在于爱气，即珍惜天地之气。气由精神所化生，精神来自意念，内心所向往的就是意念。意念劳伤的，精神就乱；而精神乱的，气就少。因此君子通过制止妄念来使意念平静（平意），平静意念（平意）会使精神安宁，精神安宁会使天地之气得到保养。气多了，人的身心就会平安无事。因此修养内在精神，必须从养气开始。精神之养的关键，就是让意念平静（平意）。相较而言，内在精神的修养远远重于外在形体的和乐，此即董仲舒所谓的"外泰不若内充"。愤恨、忧愁、遗憾都是对生命的伤害，平和、愉悦都是对于生命的保养。一个人如果行为正直、意念平静，就会气多而长寿。这就是养生（身）。

如此一来，董仲舒就将中和确立为天地之本性、人事行为的基本原则，并将这一基本原则最终落实到个体修养方面。在董仲舒看来，依循天道而生活，就是天道在现实层面的具体展开。

在《循天之道》中，董仲舒从天地之道及其现实展开的层面出发，确立了和合的重要意义。冯友兰先生曾说过："董仲舒之主张行，而子学时代终结；董仲舒之学说立，而经学时代始。"从这个角度来说，董氏的和合思想无疑具有深远的意义。

董仲舒通过将天道和人事相比附，提出了"天人感应"学说，"天人感应"说也是中国传统哲学中最具代表性的理论。董氏推天道以明人事，将天道之"中"落实为人事之"和"，中和也由此成为天道和人事最重要的特征。为了贯通天道与人事，董仲舒引入了"合"的观念，主张由人的行为的"合"而达至"和"的结果。如此一来，"中""合""和"就构成了一个完整的、从天地之道到社会生活的逻辑链条。

董仲舒讨论和合的落脚点，是政治社会生活的和谐。此即董仲舒所谓的"众圣辅德，贤能佐职，教化大行，天下和洽，万民皆安仁乐谊，各得其宜，动作应礼，从容中道"（《汉书·董仲舒传》）。但是，政治社会生活乃是建立在一个个的个体之上的，因此董仲舒在《循天之道》中，将政治社会生活的和谐落实在个体的修身之上（由个体的修身推衍至家、国、天下，也是中国传统政治结构的基本脉络）。先将政治社会生活的和谐落实在个体的和谐之上，再将个体的和谐返归于天道，而这种和谐最终被描述为一种道德境界、道德价值。以天道决定人事的方法，是儒家政治哲学的基本方法，这一方法后来逐渐成为中国传统社会的一种典型理论形态。[①]

---

① 人们在考察汉代思想的时候，通常把王充作为董仲舒的对立面，王充也因批判董仲舒的基本理论架构而在中国思想史上获得了极为崇高的地位。但是，从和合的角度来看，王充在"和"的意义上并没有超越以往或者同时代知识分子的地方，而且其论说也主要集中在董仲舒所讨论的政治社会意义上的和谐，并且对祥瑞问题情有独钟。因此可以说，王充并没有对董仲舒的基本理论架构形成实质性的挑战，我们需要重新评估王充在思想史上的定位。

从整个汉代思想史来说，儒家所倡导的和合精神具有举足轻重的影响。众所周知，两汉的学术思想是围绕经学展开的，六经中记载的内容就是和合精神在各个领域的具体展开。如此一来，以儒家为思想基础的汉代政治结构（汉以后也大体如此）是以和合为基本精神的，而董仲舒建立的"天人合一"理论体系就是中国传统社会政治思想的骨架，而和合则是被深深地契入这个骨架之中的活的血脉。

第三节　魏晋南北朝至宋明：和合作为一种文化融合的工具

魏晋南北朝以来，中国思想界最大的变革，就是佛教从印度传入中国。这一点已经成为学界的共识，陈寅恪先生就曾指出：

> 汉晋以还，佛教输入，而以唐为盛。唐之文治武功，交通西域，佛教流布，实为世界文明史上，大可研究者。佛教于性理之学metaphysics，独有深造，足救中国之缺失，而为常人所欢迎。惟其中之规律，多不合于中国之风俗习惯，如祀祖、娶妻等，故昌黎等攻辟之。然辟之而另无以济其乏，则终难遏之。于是佛教大盛。宋儒若程若朱，皆深通佛教者，既喜其义理之高明详尽，足以救中国之缺失，而又忧其用夷复夏也。乃求得而两全之法，避其名而居其实，取其珠而还其椟。采佛理之精粹以之注解四书五经，名为阐明古学，实则吸取异教。声言尊孔辟佛，实则佛之义理，已浸渍濡染。与儒教之宗传，合而为一。此先儒爱国济世之苦心，至可尊敬而曲谅之者也。故佛教实有功于中国甚大。……自得佛教之禅助，而中国之学问，立时增长元气，别开生面。[1]

佛教的传入对于中国思想界以及社会之影响，是同期知识分子（信仰界）无法预料的。正如汤用彤先生所指出的那样："佛教入华，果在何时，传说纷歧，实难确定。盖佛教自魏晋以后，在中国文化思想上，虽有重大影响，方其初来，中夏人士仅视为异族之信仰，细微已甚，殊未能料印度佛教思想所起之作用，为之详记也。"[2]

佛教的传入和发展，使中国知识分子的信仰和思想发生了很大的变化，

---

① 吴学昭：《吴宓与陈寅恪》，清华大学出版社，1992，第10—11页。
② 汤用彤：《汉魏两晋南北朝佛教史》，中华书局，1955，第1页。

中国思想文化的基本格局也随之改变。梁启超先生在《千五百年之中国留学生》一文中指出：

> 　　我国文化，夙以保守的单调的闻于天下，非民性实然，环境限之也。西方埃及，希腊，小亚细亚，为文化三大发源地，有地中海以为之介。遂得于数千年交相师资，摩荡而日进。我东方则中国印度为文化两大发源地；而天乃为之阈，使不能相闻问。印度西通虽远，然波斯希腊尚可递相衔接，未为孤也。我国东南皆海，对岸为亘古未辟之美洲。西北则障之以连山，淹之以大漠。处吾北者，犬羊族耳，无一物足以禆我，惟蹂躏我是务。独一印度，我比邻最可亲之昆弟也。我其南迈耶？昆仑须弥（喜马拉雅），两重障壁，峻极于天。我其西渡耶？流沙千里，层冰满山。呜呼！我乃数千年间，不获与世界所谓高等文化诸民族得一度之晤对，伤哉！酷哉！天之啬我以交通，乃至此极！吾家区区文物，乃不过吾祖宗闭户自精辛勤积累而仅得之。记不云乎，"独学而无友，则孤陋而寡闻"。彼西方之民，何修而多友，我乃并一而无之也。
>
> 　　环境能熏造性质，我民族受此种交通之酷遇，自然养成几分保守的单调的气习，固毋庸讳言。然使一民族对外来文化而无容纳之可能性，则其族非久遂成为"僵石化"，而决不足以顺应生存于大地。畴昔西方之人，颇以此缺点代吾致疑惧。虽然，吾得有反证以明其决不然也。当秦汉以前与我接触之他族，其文化皆下我数等；我对之诚不免贡高自慢。然吾族绝未尝自满以阻其向上，绝未尝自是而不肯虚受人。魏晋以降，佛教输入。贤智之士，憬然于六艺九流以外，尚有学问，而他人之所睿发，乃似过我。于是乎积年之"潜在本能"，忽尔触发。留学印度，遂成为一种"时代的运动"（Periodical Movement）。此种运动，前后垂五百年；其最热烈之时期，亦亘两世纪。运动主要人物，盖百数，其为失败之牺牲者过半，而运动之总结果，乃使我国文化，从物质上精神上皆起一种

革命。非直我国史上一大事，实人类文明史上一大事。

　　尤当注意者：本篇所记述，确为留学运动，而非迷信运动。下列诸贤之远适印度，其所以能热诚贯注百折不回者，宗教感情之冲发，诚不失为原因之一部分。然以比诸基督教徒之礼耶路撒冷，天方教徒之礼麦加，与夫蒙藏喇嘛之礼西天，其动机纯为异种。盖佛教本贵解悟而贱迷信，其宗教乃建设于哲学的基础之上。吾国古德之有崇高深刻之信仰者，常汲汲焉以求得"正知见"为务。①

　　就魏晋南北朝至宋明之际的社会思想事实来说，和合主要是作为一种文化融合的工具而存在的。作为工具的和合，主要解决了两个方面的问题：对于外来的佛教来说，就是怎样融入中国传统并获得发展的空间，这也是佛教的中国化问题；对于中国传统思想（儒、道）来说，就是怎样在应对佛教挑战的同时，不断完善自己的学理。如此一来，儒、道、佛三家在相互容摄的基础上形成了既具有包容性又具有特殊性的理论形态，并由此不断丰富了中国思想史的基本版图。下面，笔者将对儒、道、佛三家相互容摄的情形做一概括性的描述。

　　首先，佛教要融入中国社会，并赢得自身的发展空间，必须根据中国社会的固有思想和文化，在宗教观念、制度、组织等方面主动进行调整，逐步实现中国化。许里和先生曾指出："我们将看到，从公元 3 世纪末到 4 世纪初经历了整个中国新型知识精英的形成，其中包括有教养的僧人，他们能够通过结合佛教教义与中国传统学术，成功地发展出特定形态的佛教，并在上层阶级中传布，我们称之为'士大夫佛教'。"② 在许里和先生看来，与中国传统"结合"，就是佛教得以在中国社会发展的基本方式。正是在

　　① 梁启超：《千五百年前之中国留学生》，载氏著：《中国佛教研究史》，上海书店，1989，第 25—27 页。

　　② ［荷］许里和：《佛教征服中国》，李四龙、裴勇等译，江苏人民出版社，1998，第 8 页。

"结合"的意义上，产生了中国佛教这一独特形态①，也形成了具有独特义理特质的中国佛教哲学。方立天先生在谈论中国佛教哲学的时候明确指出：

> 中国佛教哲学的形成是东方文化史上的重大现象，也是中国哲学史上的重要一页。印度佛教代表着印度古代文明和精神价值，它与中国固有的哲学风格、宗教观念、价值取向存在着巨大的反差。印度佛教哲学在与中国固有文化和哲学的相互碰撞、激荡、冲突、融合中，逐步转型，日趋中国化，形成了中国佛教哲学的新学说。这是古代东方中印两大文明古国的价值观念、思维方式的系统交流，是两种异质文化互相接触、影响、作用的成功模式。印度佛教的传入，给中国文化注入了新的血液，带来了新的活力和创造力。中国佛教学者吸收印度佛教哲学的养料，适应中国古代政治、经济的需要，依据中国固有哲学智慧的方向、理路，创造出不同于印度的新的佛教哲学学说。中国佛教哲学不仅是隋唐哲学的重镇，而且也深刻地影响了宋明哲学的发展，丰富了中国古代哲学思想。在东亚佛教文化圈中，中国佛教哲学内容最丰富、最深刻，足以与印度佛教哲学相媲美。②

作为一种独特的哲学形态，中国佛教哲学所表达出来的恰恰是在印度佛教哲学立场上对于中国固有文化和哲学的极大融合和适应。正是在相互影响、作用以及融合的基础上，中国佛教哲学才具有了学理的深刻度，获得了社会的广泛接纳。中国佛教哲学是在中国固有文化和哲学的立场上，

---

① 之所以说中国佛教是独特的形态，是因为与印度传统佛教相较，中国佛教无论是在理论的表达上还是在信仰的实践上，都和印度佛教存在着根本性的差异。这既是印度佛教适应中国社会的必然结果，也是佛教中国化的一个基本事实。很多学者据此提出中国佛教非佛教，显然是不合理的。佛教不经历本土化的漫长过程，如何能成为中国文化的重要组成部分？因此可以说，佛教中国化是因缘所致。

② 方立天：《中国佛教哲学要义（上）》，中国人民大学出版社，2002，第4—5页。

对印度佛教哲学的重新阐释。

中国佛教学者主要是通过编撰佛典、判教立宗而使佛教哲学中国化的，同时也和翻译佛典、讲习经义密切相关。因为只有经过译经、讲习，全面深入地了解佛教各种典籍，亦即经过消化、理解，才能有所开拓、创造，建立起中国的独特的佛教哲学体系。从佛教中国化的艰难、复杂的历程来看，翻译经典、讲习经义、编撰佛典和判教立宗，就是中国佛教哲学得以形成的基本途径和基本方式。从这些途径和方式中，我们可清楚地看到佛教哲学的创建者是怎样以中华民族固有的思想为本位，去接受和改造印度佛教哲学思想，创立和构筑中国佛教哲学体系的。[①]

中国佛教的典型特点，我们这里以禅宗为例[②]进行说明。按照印顺法师的说法："会昌以下的中国禅宗，是达摩禅的中国化，主要是老庄化，玄学化。慧能的简易，直指当前一念本来解脱自在（'无住'），为达摩禅的中国化开辟了通路。完成这一倾向的，是洪州，特别是石头门下。达摩门下的不重律制，不重经教，（不重他力），是禅者的一般倾向。'即心即佛''无修无证'，是大乘经的常谈。菏泽下的'无住之知'，洪州下的'作用见性'，也还是印度禅者的方便。达摩禅一直保持其印度禅的特性，而终于中国化，主要是通过和融摄了牛头禅学。"[③]印顺法师用"老庄化""玄学化"来表述禅宗义理，是十分恰当的。中国传统的思想和思维方式（无论是儒家还是

---

　　① 　方立天：《中国佛教哲学要义（上）》，第9页。

　　② 　方立天教授指出："隋唐时中国佛教形成了天台、三论、唯识、华严、律、净土、禅和密八宗，其中的天台、三论、唯识、华严和禅五个宗派有着丰富的哲学思想。五个宗派中最富有中国人的创造性、与印度佛教哲学距离较大的是天台、华严和禅三个宗派。"参见方立天：《中国佛教哲学要义（上）》，第7页。在佛教义理的阐释方面，天台和华严具有极为鲜明的特点。这里以禅宗为例，主要是因为禅宗的义理形式更简便，更能体现出佛教中国化的特点。在禅宗这里，佛教义理和中国传统的思想、思维方式均实现了高度融合。

　　③ 　印顺：《中国禅宗史》，江西人民出版社，2007，第6页。

道家），都在禅宗这里完满圆融。正如方立天先生所指出的那样：

> 至于禅宗，这是在中国固有儒、道文化的熏陶和影响下，受佛教解脱思想的启发，吸取佛教外壳、打着佛教旗号而创立的宗派。禅宗以性净自悟为宗旨，主张不立文字，教外别传，见性自悟，顿悟成佛，认为佛性本有，觉悟不假外求，不读经，不拜佛，不坐禅，行住坐卧，挑水烧柴，都可以悟道。后来一度发展为呵祖骂佛，提倡超祖越佛。可以说，禅宗是中国儒家的性善论、良知说、人皆可为尧舜的观念和道家的任运自然的人生态度的宗教化。[①]

禅宗既是佛教与中国传统思想和文化相融合的典型形态，也代表了佛教中国化的最高成就。而在禅宗身上，和合思想体现得淋漓尽致。

其次，在道教的传统中，修炼是一个极其重要的命题，"外丹术"与"内丹术"就是两种重要的修炼方法。这两种方式究竟起源于何时，在史籍中并无确切的记载，但就历史事实而言，两宋以后，内丹逐渐占据了道教修炼学说的主导地位。在笔者看来，内丹修炼虽然从理论形式上可以追溯到"万古丹经王"的《周易参同契》，甚至更早，但它作为一种普遍的修炼方式，与佛教（尤其是禅宗）的广泛传播具有一定的关联。陈撄宁先生在阐述内丹道时指出：

> 舍利子在此处为内丹之代名词，然非佛家所谓舍利之本意。究竟舍利子与金丹，是同是异？修佛与修仙，其结果有何分别？皆吾人所急欲知者，而各家经书咸未论及；虽《楞严经》有十种仙之说，是乃佛家一面之词。除佛经外，凡中国古今一切书籍记载，皆未见有十种仙之名目，似未可据为定论。吾国人性习素尚调和，非但儒道同源，本无冲突，

---

① 方立天：《中国佛教哲学要义（上）》，第22页。

即对于外来之佛教，亦复不存歧视，彼此融通，较他教教义之唯我独尊者，其容量之广狭，实大不同。而清华老人之论舍利，尤为公允。意谓佛家以见性为宗，精气非其所贵。万物有生有灭，而性无生灭。涅槃之后，本性圆明，超出三界，永免轮回。遗骸火化之后，所余精气，结为舍利，譬如珠之出蚌，与灵性别矣。而能光华照耀者，由其精气聚于是也。人身精气神，原不可分，佛家独要明心见性，洗发智慧，将神光单提出来，遗下精气，交结成形，弃而不管；然因诸漏已尽，禅定功深，故其身中之精气，亦非凡物。所以舍利子能变化隐显，光色各别。由此推之，佛家所谓不生不灭者，神也，即性也。其舍利子者，精气也，即命也。彼灭度后，神已超于象外，而精气尚留滞于寰中也。若道家则性命双修，将精气神混合为一，周天火候，炼成身外之身，神在是，精在是，气在是，分之无可分也。故其羽化而后，不论是肉体化气，或是尸解出神，皆无舍利之留存。倘偶有坐化而遗下舍利者，其平日工夫，必是偏重于佛教方面，详于性而略于命也。性命双修之士，将此身精气神团结得晶莹活泼，骨肉俱化，毛窍都融，血似银膏，体如流火，畅贯于四肢百节之间，照耀于清静虚无之域，故能升沉莫测，隐显无端。释道之不同如此：佛家重炼性，一灵独耀，迥脱根尘，此之谓性长生；仙家重炼气，遍体纯阳，金光透露，此之谓气长生。究竟到了无上根源，性就是气，气就是性，同者其实，异者其名耳。[①]

陈撄宁先生明确指出，儒道同源，二者对于外来之佛教，亦复不存歧视，而是彼此融通。从道教内丹学的发展来看，钟吕派的丹道就吸收了佛教的心性修养功夫。无论是以王重阳为代表的全真派北宗，还是以张伯端为代表的全真派南宗，在功法和义理方面均是兼摄佛教和儒家的。

最后，理学是儒家为回应佛道两教（尤其是佛教）的严重挑战而创立

① 洪建林编：《仙学解秘：道家养生秘库》，大连出版社，1991，第660—661页。

的。理学的产生背景、基本理论脉络，都证明了这一点。包弼德在《历史上的理学》一书的导论中说：

> 作为一个以公元 11 世纪时道德哲学家的学说为基础的思想学派，以及一场在 12 世纪成形的由精英领导的社会运动，理学在我们关于中国历史的论述中处于什么位置？在对中国思想传统的研究中，先秦——那是一个人们开始争辩哪一种观念更适合引导君主与个人的时代——的思想家与著作始终占有一席之地。成熟于中古时期的宗教运动，尤其是佛教，因为创造了新的思想方式和新的社群而获得持续不断的关注。中国现代思想则必须回答什么样的价值观能在全球化的时代引导中国前进这个棘手的问题。相对而言，理学则被困于中间的模糊地带。理学是一种儒学，但它是一种通过对古代文献的诠释，自称已重新发现孔子思想真谛的儒学。朱熹——理学传统中的孔子——留下了大量的著作，同时他假设读者早已娴习孔子及儒家经典。虽然第一代理学家认为他们的努力使得佛教与道教变得可有可无，但有些现代学者仍然认为理学吸取了释道二家的养分，为传统伦理创造了新的哲学基础。[①]

其实，承认理学与佛道的兼摄关系，并无损于理学的义理深度和学术旨趣。正是在与佛道相互融摄的过程中，理学获得了更多的思想资源，并由此成为一个开放包容的系统。正如陈来先生所指出的那样："从整个中国文化的发展和学术潮流的演变来看，中唐的中国文化出现了三件大事，即新禅宗的兴盛、新文学运动（即古文运动）的开展与新儒家的兴起。宗教的、文学的、思想的新运动的出现，共同推动了中国文化的新发展。三者的发展持续到北宋，并形成了主导宋以后文化的主要形态，也是这一时期

---

① ［美］包弼德：《历史上的理学》，［新加坡］王昌伟译，浙江大学出版社，2009，第1页。

知识阶层的精神表现。"[①]

通过对禅宗、内丹道学以及理学的梳理可知，魏晋南北朝以来，三教共处的历史事实决定了三教在发展过程中都必须应对其他两教在理论和现实层面的挑战。因此，如何在自身价值立场的基础上融合其他两者的思想、思维方式等，就成为当务之急。在此背景下，和合就成为融合的有效工具。儒释道三教以其自身的鲜活事例，为我们呈现了和合作为一种工具所具有的重要价值和强大生命力。与"三教合一"的说法相比，"融合为三"的说法更能体现出中国思想文化的丰富性和过程性。融合之后的三教跟原来的三教相比，根本内涵已经发生了变化。融合之后的三教仍是三教，而非归并为一。从这个意义上来说，和合使三教既保持了各自精神价值的独立，又实现了兼容互摄，获得了新的发展可能性。因此可以说，作为一种工具的和合，充分彰显了中国思想文化所具有的生命力。

①　陈来：《宋明理学》，华东师范大学出版社，2004，第13页。

第四节　宋元明清时期：作为一种生活信仰的和合

笔者在《作为一种信仰形式的和合》一章中已经述及，大概从唐五代开始，和合神就出现在民众的日常生活中；明代中期左右，寒山、拾得取代万回哥哥成为和合神的标志；清雍正十一年，雍正皇帝敕封寒山、拾得为"和合二圣"，标志着"和合神"得到了官方的正式认可。

从和合文化的历史演变脉络来看，作为一种信仰形式的和合，在宋元明清时期对民众的日常生活产生了非常重要的影响。这里要讨论的是，和合信仰为什么在宋元明清时期得到了进一步的发展？笔者认为有两个方面的原因：一是佛教的发展，二是中国社会结构的变化。

关于佛教的传入对中国社会以及思想界的影响，王安石和张方平曾有一段对话：

> 荆公王安石问文定张方平曰："孔子去世百年而生孟子，后绝无人，或有之而非醇儒。"方平曰："岂为无人，亦有过孟子者。"安石曰："何人？"方平曰："马祖、汾阳、雪峰、岩头、丹霞、云门。"安石意未解。方平曰："儒门淡薄，收拾不住，皆归释氏。"安石欣然叹服，后以语张商英，抚几赏之曰："至哉，此论也！"（释志磐《佛祖统纪》）①

王安石与张方平的这段对话，阐述了唐代以来，儒家和佛教的发展状况，那就是佛老渐盛，儒学渐衰。王安石感慨地说，儒家自孟子之后，就再也没有伟大的人物出现了。张方平却否认说，中晚唐以来的禅宗高僧，就比孟子更厉害。张方平给出的理由是："儒门淡薄，收拾不住，皆归释氏。"李白是道家的，王维、白居易是佛家的。从唐代的社会状况和思想状

---

① ［宋］志磐撰，释道法校注：《佛祖统纪校注》，上海古籍出版社，2012，第1091页。

况来说，儒门淡薄是不争的事实。佛教给唐代学者的最大刺激或者说最直接的印象，就是佛教制度极其完善。

> 自佛行中国已来，国人为缁衣之学，多几于儒等。然其师弟子之礼，传为严专。到于今世，则儒道少衰，不能与之等矣。于其流亦有派别焉。为之师者，量其性之高下而有授说。（沈亚之《送洪逊师序》）[1]

在韩愈弟子沈亚之看来，佛教之所以在中国日益兴盛，是因为"其师弟子之礼，传为严专"。也就是说，佛教有着严格的法脉传承制度，这个说法还是比较中肯的。佛教八宗都有着严格的法脉传承制度，如五祖弘忍将衣钵传给六祖慧能，既可以保证其所传的乃是正法（正统性、权威性），又可以形成不间断的传法系统（法脉）。"灯录""灯史"就是记载禅宗历代法师传法机缘的作品，它们共同建构出一个具有正统意义的法脉传承系统。

从社会的角度来看，佛教的传入及其影响的扩大对中国社会最直接的影响，就是形成了非常浓厚的社会信仰氛围，并深刻影响了中国社会的信仰形式。比如，道教的很多仪式就是在佛教的影响之下逐渐完善起来的。宋代以来，在佛教的影响之下，中国民间社会信仰日益兴盛，这也是和合神信仰得以发展的一个重要背景。

从中国社会结构变化的角度来看，"唐宋变革"论最初是由日本学者内藤湖南在19世纪末20世纪初提出的，即从唐到宋是中国由"中古"踏入"近世"的变革。实际上，南宋的郑樵、明代的陈邦瞻、清代的顾炎武、晚清的夏曾佑、民国的钱穆等，都曾提出与内藤湖南类似的主张。这里转引包弼德先生在《斯文：唐宋思想的转型》中的一段论述：

---

[1]　［唐］沈亚之：《送洪逊师序》，载［清］董浩等编：《全唐文》，中华书局，1983，第7594—7595 页。

　　对于这部书提到的那些著名人物来讲，它属于中国社会一个人数不多的精英群体，这个群体被称为"士"，即使是在文化传统的角色发生变化的时候，情况仍是如此。在这里所考察的六个世纪的绝大部分时间里，那些自称"士""士人"或者"士大夫"的人支配了中国的政治与社会。作为"士"，他们是精英群体的分子，而不是"庶"或"民"中的成员。作为一个群体，他们的职能是在政府中出仕，而不是耕地、做工或者经商。并且他们认定自己具有从政与指导天下的必要的学识与技能。然而，士的身份随时代而变化。在 7 世纪，士是家世显赫的高门大族所左右的精英群体；在 10 和 11 世纪，士是官僚；最后，在南宋，士是为数更多而家世却不太显赫的地方精英家族，这些家族输送了官僚和科举考试的应试者①。

　　包弼德先生从"士"的身份变化的角度，阐述了唐宋之间发生的政治社会变革。按照一般的说法，宋代以后的社会是平民的社会，而这至少意味着个体信仰逐渐成为一个社会的典型或基本形式。换言之，在平民化的背景下，和合信仰日益成为一个典型。从这个意义上来说，整个社会的信仰背景以及信仰形态都决定了作为信仰形式的和合成为社会信仰的主导因素，并对明清以来社会信仰的基本形式产生了深刻的影响。

---

① ［美］包弼德：《斯文：唐宋思想的转型》，第 4 页。

第十讲　作为一种价值理念的和合

在中国传统社会中，和合是非常重要的价值理念，可以用《中庸》所谓的"万物并育而不相害，道并行而不相悖"来表达。正是在和合这一价值理念的指导下，中国的整个传统呈现出一种兼容并包的博大胸怀。对中国文化自身的发展和完善来说，这点具有重要的现实意义。众所周知，中华文明是人类文明史上唯一没有中断而延续至今的古老文明。中华文明得以延续至今的原因是多方面的，但兼容并包无疑是中华文明发展的内在动力基础。"海纳百川，有容乃大。"中华文明发展的基本事实告诉我们，唯有始终秉持和合包容的精神，才能有效应对多种文化并存、多元价值冲突带来的挑战。

回望历史，观照当下，我们有理由相信，和合价值理念必定会在全球化快速发展的今天发挥越来越重要的作用。

第一节　和合的文化意义：以天台宗为例

在中国文化思想史上，每当中华文化与外来文化发生冲突时，中华文化都能在和合理念的引导下实现创新性发展。最典型的例子，就是天台宗的创立和发展。

作为外来宗教，佛教传入中国后，其当务之急就是化解佛教义理和中国传统之间的冲突，与中国社会融合，也就是实现佛教中国化，天台宗的出现是佛教中国化完成的标志。而在天台宗的义理系统中，和合无疑是一个极其重要的范畴。正是在和合的基础上，天台智者大师完成了中国固有文化传统和印度佛教的融合，并开创了中国佛教的宏大气象。

一、智者大师生平与天台三大部

（一）智者大师生平

智顗（538—597），俗姓陈，字德安，祖籍颍川（今河南省许昌市），晋室南渡后，寓居荆州华容（今湖北省潜江市）。十八岁出家，礼湘州（今湖南省长沙市）果愿寺法绪和尚出家，授以十戒，并依慧旷律师学律，兼习《方等》。后隐居大贤山（在今湖南省衡阳市）读诵"法华三部"（《法华经》《无量义经》《普贤观经》），"历涉二旬，三部究竟"。二十受具足戒。既已通律藏而常思禅悦，然苦于江东无可问者。陈文帝天嘉元年（560），智顗二十三岁，听闻南岳慧思（515—573）从北方南下，居于光州（河南省光山县）大苏山，"遥餐风德，如饥渴矣"，遂涉险前往依止之。在慧思门下，智顗极受重视，慧思以为"说法第一"，常令其代讲《大品般若经》。"思师手持如意，临席赞曰：'可谓法付法臣，法王无事者也。'"

后慧思欲往南岳，乃以智顗为传法人，命其前往金陵弘扬佛法。陈光大元年（567），智颛率领法喜等三十余人到金陵（今南京）弘扬禅法。两年后，受请住瓦官寺，开讲《法华经》《大智度论》等。陈太建七年（575），智颛离开金陵，入天台山实修止观九年，于定慧之学体会尤为深切。陈后主至德三年（585），受陈后主的七番恳请，智颛又回到金陵，住于灵曜寺，旋被迎至太极殿讲《大智度论》《仁王般若经》等，后主亲往听法。后因灵曜寺偏隘而移居光宅寺，至德四年（586），为皇太子授菩萨戒，设千僧法会。祯明元年（587），于光宅寺讲《法华经》，由弟子灌顶随听随记，录成《法华文句》。

588年陈亡，智颛离开金陵，杖策荆湘。隋开皇十一年（591），晋王杨广为扬州总督，欲从师受戒，遂频频致书遣使礼请。智颛"三辞不免"，遂与杨广立下"四愿"，方至扬州为杨广授菩萨戒，取法名"总持"，杨广则号智颛为"智者大师"。开皇十三年（593），智颛回到故乡荆州，在玉泉山创立玉泉寺，宣讲《法华经玄义》和《摩诃止观》。开皇十五年（595）春天，智颛受杨广之请，再到扬州弘法，并撰《净名经疏》。开皇十六年（596）春，重归天台，重整山寺，习静林泉，并于病中对弟子们口授《观心论》。开皇十七年（597）十月，杨广又遣使入山，迎请下山弘法，次月便圆寂于石城寺（今新昌大佛寺）。世寿六十，僧腊四十。[①]

智者大师一生共造寺三十六所，智颛入灭后，晋王杨广遵他遗愿在天台山创建佛寺大业元年（605），杨广即位后亲赐寺额，遂名"国清寺"。因智颛久住于天台山，后又圆寂于天台山，后世称其创立的佛教宗派为天台宗，而国清寺则被视为天台宗之祖庭。

（二）天台三大部

智者大师弘法三十余年，然不蓄章疏，除了《童蒙止观》《六妙门》是其亲自撰写之外，《净名经疏》《觉意三昧》《小止观》《法华三昧行法》均是由其弟子灌顶笔录成书的。从某种意义上说，假如没有灌顶的话，天台

---

①　智者大师之生平，主要参考灌顶的《智者大师别传》，收录于《大正藏》卷五十。

宗的教义、史料就很难被如此完整地保存下来因此可以说，天台宗创始于智顗，成熟于灌顶。

智顗的一系列义学作品，确立了佛教天台宗的基本教义和解行规范。其中以《法华玄义》（十卷）、《法华文句》（十卷）、《摩诃止观》（十卷）最为重要，被称为"天台三大部"，又称"法华三大部""三大章疏"，是天台宗的根本典籍。在三大部之外，还有《观音玄义》（二卷）、《观音义疏》（二卷）、《金光明经玄义》（二卷）、《金光明经文句》（六卷）、《观无量寿佛经疏》（一卷），五者被称为"天台五小部"。

二、智者大师在中国佛教史上的地位

智者大师所创立之天台宗，既是第一个中国化的佛教宗派，也是佛教在中国传播的过程中，与中国所固有的传统文化之间由冲突走向融摄的结果。自此以后，佛教不再作为异质文化而存在于中国社会，而是逐渐成为中华优秀传统文化的重要组成部分。如果说不断与中国固有的文化精神融合是佛教在中国发展的主要趋势的话，那么，这一趋势最早可以追溯到智者大师创立的天台宗。

智者大师对佛教中国化做出的最伟大贡献，就是融摄。智者大师的融摄之功，就佛教内部而言，印度大乘佛教分为空有二宗，而智者大师的中道实相（即空、即假、即中），无疑弥合了两种实相论。魏晋南北朝以来，佛教修行呈现出"南重义理，北重禅修"的迥异面貌。智者大师以止观双修、三谛圆融的思想，创造了理论与实践并重的天台宗。

智者大师的佛教义学，兼具总结性和开创性。其总结性，在于把从印度传入的佛教教义融会贯通，开创了佛教传入中国后的第一个宗派——天台宗。其开拓性，则在于用"圆顿止观、三谛圆融、一念三千"等独具特色的思想，荟萃诸家之说，既统一了教内的思想，又取得了与中国固有文

化的融会沟通。如对于儒家伦理观念的吸纳，"若坚持五戒，兼行仁义，孝顺父母，信敬惭愧，即是人业"（《法华玄义》卷六）。对于道教观念的引入，"如《修习止观坐禅法要》所言之'六种气'，一吹、二呼、三嘻、四呵、五嘘、六呬，此种禅法亦见于《道藏经》中，或原出于道教行气之法，而为智顗所吸收"[①]。

由此可见，智者大师的佛学思想既不是对印度佛教典籍的照搬，也不是对中国固有文化的拼凑，而是佛法与中国固有文化相结合，思想与时代需求相结合的智慧结晶。智者大师作为中国第一个佛教宗派天台宗的实际创始人，被后人尊为"东土小释迦"[②]。

综上所述，智者大师是中国佛学的奠基者，他的佛学思想不仅传承发扬了印度之佛理，而且实现了与中国传统文化的创造性融合。从这个意义上来说，智者大师堪称文化创新的千古典范。今天我们在新的历史时期，学习智者大师的融创精神，有着特殊而重要的意义。

---

① 汤用彤：《隋唐佛教史稿》，中华书局，1982，第 213 页。

② 传灯在《永嘉禅宗集注·序》中称"智者具八相以成道，人称为东土小释迦"。

第二节　和合文化的现代价值

作为中国传统文化的核心理念，和合文化近来也受到了越来越多的关注。2018 年 6 月 9 日，中国国家主席习近平在上海合作组织青岛峰会欢迎宴会上的祝酒词中指出："儒家倡导'大道之行，天下为公'，主张'协和万邦，和衷共济，四海一家'。这种'和合'理念同'上海精神'有很多相通之处。"而"上海精神"所展示的互信、互利、平等、协商、尊重多样文明、谋求共同发展，正是上合组织基于当代全球文明发展现状提出的应对之策。

和合文化作为中华优秀传统文化的核心理念，可以为中国社会的现代发展提供哪些有益的精神价值呢？

首先，和合作为中华文明的基因和传统文化的精髓，为中国式现代化和平发展道路奠定了丰厚的文化根基，提供了独特的中国智慧。近四十年来，中国经济建设的成功，中国国力的壮大，使得具有中国特色的现代化道路成为一个备受国际社会关注的议题。对于中国来说，如何探索出一条建立在自己的文化传统基础上的现代化（这就意味着要在自身的传统和现代发展之间实现良性的转换和对接），是一个非常重要的问题。具有强大包容性和生命力的和合文化，是解决这个问题的重要法宝。以天台宗为例，智者大师以和合的理念，实现了佛教与中国固有文化的融合，创立了第一个中国化的佛教宗派——天台宗。在全球化和信息化快速发展的今天，和合文化所强调的"和实生物""和而不同"的价值理念，必将让中国的现代化之路打上深深的"中国式"烙印。

其次，和合文化有助于提升中国的国际形象。和合文化强调的兼容并蓄、和谐共生、以和为贵、协和万邦、和衷共济等理念，与现代国际关系中追求的多边主义、合作共赢的理念不谋而合。从这个角度来说，和合文化助于提升中国的国际形象，使其成为一个倡导和平、合作、共赢的大国形象。习近平总书记指出："要注重塑造我国的国家形象，重点展示中国历史底蕴深厚、各民族多元一体、文化多样和谐的文明大国形象，政治清明、经济发展、文化繁荣、社会稳定、人民团结、山河秀美的东方大国形象，坚持和平发展、促进共同发展、维护国际公平正义、为人类做出贡献的负责任大国形象，对外更加开放、更加具有亲和力、充满希望、充满活力的社会主义大国形象。"其中，向世界展现中国负责任大国的形象对于中国在当前国际形势中的定位，有着极为重要的意义。